1·2·3

Elisabeth [illegible]
Petra Paschen

Hier! Alpha

Lehrerhandbuch

Ernst Klett Sprachen
Stuttgart

Autorinnen Elisabeth Kunze, Petra Paschen
Redaktion Renate Weber; Elisabeth Kunze, Leipzig
Herstellung Claudia Stumpfe
Illustrationen Sven Palmowski, Barcelona
Gestaltung und Satz Regina Krawatzki, Stuttgart
Umschlaggestaltung Sabine Kaufmann
Fotos Klett-Archiv, Stuttgart (Stephan Klonk)

Informationen und zu diesem Titel passende Produkte finden Sie auf: www.klett-sprachen.de/hier-alpha

Clips zur Alpha-Box finden Sie unter www.klett-sprachen.de/hier-alpha/videoclips
Codes: hieralpha-vB1; hier!alpha-vB2; hier!alpha-vB3; hier!alpha-vB4

1. Auflage 1 5 4 3 | 2026 25 24

Druck und Bindung: Elanders Waiblingen GmbH

ISBN 978-3-12-**676705**-7

9 783126 767057

Inhalt

Einleitung	4-10
Erste Stunde	11-14
Übungstypologie 1	15-22
Hinweise 1	23-48
Übungstypologie 2	49-50
Hinweise 2	51-70
Übungstypologie 3	71-72
Hinweise 3	73-93
Letzte Stunde(n)	94-96

Symbole und Abkürzungen

➔	Verweis
🔈 1_27	Audiotrack
👜	benötigte Materialien
📄 2_1	Kopiervorlage
Bidi ↗ / ↘	Binnendifferenzierung
✎	Projektvorschlag
🌐	interkultureller Hinweis
Variante, Tipp, Erweiterung	Hinweise zur Durchführung einer Aufgabe
KL	Kursleiter / Kursleiterin
LN	der / die Lernende (n)
👥 / 👥👤	Partner- bzw. Gruppenarbeit

Für wen ist das Lehrwerk Hier! Alpha?

Grundlage

Hier! Alpha ist ein Lehrwerk für Deutsch als Zweitsprache in Integrationskursen mit Alphabetisierung. Das Lehrwerk orientiert sich an dem vom Bundesamt für Migration und Flüchtlinge (BAMF) veröffentlichten „Konzept für einen bundesweiten Alphabetisierungskurs". *Hier! Alpha* führt über drei Bände in 300 Stunden zu *Hier! A1.1* und wird durch den passenden *Schreibtrainer* ergänzt.

heterogene Zielgruppe

Alphabetisierungskurse sind oft sehr heterogen in Bezug auf die vorhandenen Deutschkenntnisse, die Lese- und Schreibfähigkeit sowie die Lernerfahrungen der Teilnehmenden. Das BAMF-Konzept unterscheidet drei Gruppen von Analphabeten: Zu primären Analphabeten zählen Menschen, die keine Schule besucht haben, die in keinem Schriftsystem alphabetisiert sind und die nur über eine sehr geringe Sprach(lern)bewusstheit in ihrer Herkunftssprache verfügen. Funktionale Analphabeten haben zwar schriftsprachliche Kompetenzen, jedoch werden diese den Anforderungen des Alltags- und Berufslebens nicht gerecht. Zweitschriftlernende sind zwar in einem Schriftsystem alphabetisiert, beherrschen aber nicht das lateinische.

Ressourcenorientierung

Trotzdem eint diese heterogene Zielgruppe eine große gemeinsame Ressource: ihre Mündlichkeit. Die Teilnehmenden haben mündliche Kenntnisse in der eigenen und in der Zielsprache, verfügen über Weltwissen sowie individuelle Strategien, mit denen sie sich in ihrem Alltag zurechtfinden. *Hier! Alpha* greift diese Fähigkeiten auf, indem es der Mündlichkeit viel Raum gibt und die Lernenden dadurch stärkt. Aus diesem Grund wird in *Hier! Alpha* ein lautbasierter (d.h. Mündlichkeit als Ressource nutzender) Ansatz verfolgt, anstatt des bis heute eher üblichen buchstabenbasierten Ansatzes, der durch die Betonung der Schriftlichkeit tendenziell eher defizitorientiert ist. Ausgehend vom Seh- und Hörverstehen wird szenarienbasiert die mündliche Interaktion angeregt. Diese wird mit teilnehmerzentriertem Wortschatz und Chunks verknüpft, um die schriftsprachliche Kompetenz aufzubauen. *Hier! Alpha* bietet einen geeigneten Zugang, um lebensnah und handlungsorientiert mit kommunikativen Anlässen das lateinische Schriftsystem lautbasiert (= ressourcenorientiert) einzuführen.

Wie ist das Lehrwerk aufgebaut?

Hier! Alpha umfasst drei Einzelbände, die jeweils für 100 UE ausgerichtet sind. Jeder Band besteht aus sechs Modulen, die wiederum in jeweils drei Lektionen ein übergeordnetes Thema (z.B. *Willkommen 1–3*) und pro Lektion einen Laut behandeln. Die Lektionen sind in einen Kursbuch- und einen Übungsbuchteil gegliedert. Zudem enthält ein Band sechs Stationen sowie eine Übersicht zu den Lauten und Buchstaben des jeweiligen Bandes. Ergänzend wird empfohlen, den *Hier! Alpha Schreibtrainer* einzusetzen, in welchem das Schreiben trainiert und ein Lernportfolio erstellt wird.

Themen aus Hier! A1.1

Die Module bearbeiten die wichtigsten Themen des alltäglichen Lebens und entsprechen den Themenfeldern in *Hier! A1.1* (*Willkommen, Anmeldung, Im Deutschkurs, Wohnen, Einkaufen und Essen, Kinder und Familie, Aktivitäten, Beim Arzt*). Abgesehen vom Themenfeld *Willkommen* werden die Themen spiralförmig in allen drei Bänden in unterschiedlicher Gewichtung mehrfach behandelt und bereiten dadurch sehr gut auf die Weiterarbeit mit *Hier! A1.1* vor. Bei der Wahl der Themen und der Inhalte der Lektionen wurde Wert darauf gelegt, dass sie sich an der Lebenswelt der LN orientieren, um einen aktiven Sprachgebrauch anzuregen.

Übergang zu Hier! A1.1

Nach der Bearbeitung von *Hier! Alpha* sind die LN sehr gut vorbereitet, um mit *Hier! A1.1* weiterzuarbeiten. Nicht nur die Themen und der Wortschatz, sondern auch die Übungstypen und die Bilderwelt bereiten einen nahtlosen Übergang vor. Das Material *Letzte Stunde(n)* unterstützt zusätzlich dabei, die LN explizit auf das Folgelehrwerk einzustimmen.

Was bietet Hier! Alpha?

Hier! Alpha Kurs- und Übungsbuch

- **Lehrwerksservice**
  regelmäßige Informationen und Kopiervorlagen
- **6 Audio-CDs**
  zu Hier! Alpha 1-3
- **Schreibtrainer**
  zu Hier! Alpha 1-3
- **je 6 Poster**
  zu Hier! Alpha 1-3 Situationsfotos zu den Modulen
- **Alpha-Box-Material online**
  Kopiervorlagen und Hinweise zum Downloaden, Erklärvideos
- **Kopiervorlagen online**
  weitere Kopiervorlagen, Transkriptionen zum Downloaden
- **Lehrerhandbuch**
  Konzept, Übungstypologie, didaktische Hinweise und praktische Tipps
- **Digitales UnterrichtsPlus allango**
  Lehrerhandbuch und Zusatzmaterialien für Unterrichtende
- **Digitale Ausgabe allango**
  Digitale Ausgabe von Kurs- und Übungsbuch mit Audios

Welche didaktischen Schwerpunkte gibt es?

lautbasiertes Vorgehen

Hier! Alpha verfolgt einen lautbasierten Ansatz zur Einführung der lateinischen Schrift in Kombination mit dem Erwerb des Deutschen als Zweitsprache und nutzt dabei die Stärke, die die Zielgruppe mitbringt: die Mündlichkeit. Nicht die Buchstaben stehen im Mittelpunkt, sondern die Laute, eingebettet in Wortschatz und Chunks für einen alltagsrelevanten Sprachgebrauch.
Jede Lektion beginnt mit Mündlichkeit in Form eines Hörtextes, der neben der thematischen Kontextualisierung den nötigen Input für den Aufbau von phonologischer Bewusstheit und Rhythmus der deutschen Sprache liefert. Nach diesem Sprachbad wird zuerst der Klang der Chunks (die den jeweiligen Laut beinhalten) in Kombination mit der zugehörigen Melodiekurve, präsentiert. Erst danach werden die LN behutsam in das Schriftbild eingeführt.

Phoneme / Grapheme

Jede Lektion thematisiert einen Laut (Phonem) und davon ausgehend seine Verschriftlichung (Graphem). Dadurch werden bei einigen Lauten auch mehrere Buchstaben(gruppen) behandelt. So wird der N-Laut über die Buchstaben <N>, <n> oder die Buchstabenkombination <nn> verschriftet. Dabei werden nicht die Buchstabennamen, sondern die Lautwerte vermittelt. Ziel ist es, dass LN Laute identifizieren, den Lauten einzelne Grapheme bzw. Graphemgruppen zuordnen und sie zu Wörtern zusammenfügen (synthetisieren) können.

Progression

Das Prinzip der Mündlichkeit vor Schriftlichkeit entspricht einer Phonem-Progression anstatt einer Graphem-Progression s. o. Das Verständnis von Phonem-Graphem-Korrespondenzen ist die Voraussetzung für selbstständiges Verschriftlichen. Durch dieses Vorgehen werden die LN befähigt, möglichst früh Wörter eigenständig lesen und schreiben zu können. Die Lektionen bauen aufeinander auf und wiederholen die vorher eingeführten Grapheme.

Über den roten Kasten zu Beginn jeder Lektion erfasst man auf einem Blick, welche Schreibungen eines Lautes in welcher Gewichtung existieren: Unter den häufigeren Schreibungen (Basisgrapheme) stehen die selteneren Schreibungen eines Lautes (Orthographeme).

Für Vokale ist die Aussprache von gespannt und ungespannt bedeutungsunterscheidend. Daher gibt es zu jedem gespannten (= langen) oder ungespannten (= kurzen) Vokal eine Lektion.
Beim E-Laut unterscheidet man zudem nicht nur zwischen kurz und lang, sondern auch den Schwa-Laut, welcher der häufigste Vokal des Deutschen ist. Demnach findet sich der E-Laut in drei Lektionen repräsentiert: als Schwa-Laut <_e> oft auch in der Endung <_en>, als langes E <E e eh ee> und kurzes E <E e Ä ä>.

phonologische Bewusstheit

Neben der Phonem-Graphem-Korrespondenz hat die phonologische Bewusstheit einen großen Einfluss auf das Erlernen von Lesen und Schreiben. Das Wahrnehmen der Lautstruktur von Silben, Wörtern und Sätzen sollte schon vor dem Schriftspracherwerb angebahnt werden. Im Zentrum stehen die Arbeit mit Wortbetonungsmustern, Silben und schließlich Lauten. Durch die Konzentration auf das Hören in Verbindung mit Bewegungen (Klopfen und Klatschen) sollen die LN für die Silbenerkennung und häufige Wortbetonungsmuster sensibilisiert werden. Zugleich wird die im Deutschen typische Reduktionssilbe in zweisilbigen Wörtern eingeübt: Schwa-Laut (z. B. *heiße*, *heißen*) oder vokalisiertes r (z. B. *Kinder*).

Pro Lektion werden vier Lernwörter eingeführt, die das Zielphonem (als An-, In- oder Auslaut) beinhalten. Dabei wird aktiv am Aufbau eines Sichtwortschatz gearbeitet. Zu Beginn werden LN mit noch unbekannten Buchstaben und Wörtern konfrontiert. Die Wahl des Wortschatzes orientiert sich an der Lebensrealität der LN und greift zudem den Wortschatz aus *Hier! A1.1* auf. Darüber hinaus werden zwei alltagsrelevante Chunks pro Lektion, die den Ziellaut beinhalten, in kleinen produktiven Aufgaben präsentiert und angewendet. Auch grammatische Strukturen werden kommunikativ über Chunks vermittelt. Einzelne Themen, wie der bestimmte Artikel oder die Verbkonjugation, werden spielerisch über die Arbeit mit der *Alpha-Box* eingeführt und geübt. Das sorgfältig aufbereitete Material erlaubt den LN ein haptisches und visuelles Erfassen der Regeln. Die Einführung von Grammatik erfolgt implizit und anwendungsbezogen.

Wortschatz

Grammatik

Die Protagonisten in *Hier! Alpha*, die meisten mit Migrationshintergrund, erleben Situationen, die den Erfahrungen der LN sehr nahekommen. Dadurch können sie sich gut mit ihnen identifizieren, was ihre Lernmotivation steigert.

authentische Protagonisten

Die Auswahl der Themen orientiert sich an der Lebenswelt der LN. So stehen Situationen im Alphabetisierungskurs und rund um den Alltag wie Einkaufen, Arztbesuche, Behördengänge, Familie und Nachbarschaft im Fokus, um einen unmittelbaren Transfer der sprachlichen Muster in die eigene Realität der LN zu ermöglichen.

alltagsrelevante Themen

In jeder Lektion werden die Fertigkeiten Hören, Sprechen, Lesen und Schreiben bearbeitet und trainiert. Typisch ist die wiederkehrende Grundstruktur und Abfolge der Aufgaben und Übungen. Durch die feste Übungstypologie über drei Bände hinweg können sich die LN schnell im Lehrwerk selbstständig zurechtfinden und erlangen Sicherheit in ihrem Lernprozess. Kleine Änderungen und neue Übungstypen in den Bänden 2 und 3 sorgen für eine notwendige Entwicklung und Abwechslung. Dabei unterscheiden sich die Routinen zwischen den Bänden, jedoch nicht innerhalb eines Bandes. Ebenso findet eine Hinführung zu den Übungstypen von *Hier! A1.1* statt.

Übungstypologie

Die Arbeitsanweisungen sind klar und deutlich formuliert. Zusätzliche Symbole visualisieren jeden Arbeitsauftrag und erleichtern dessen Verständnis. Außerdem sind die Arbeitsschritte durch die gleichbleibende Struktur erwartbar, sodass die Aufgaben nicht immer wieder neu erklärt werden müssen und die LN zum selbstständigen Arbeiten angeleitet werden.

Arbeitsanweisungen

Von Beginn an wird die Lernautonomie gefördert. Da es für die Zielgruppe ungewohnt ist, selbstständig zu lernen, und die LN meist nicht auf funktionale Lerntechniken aus institutionellen Lernerfahrungen zurückgreifen können, leitet das LW sie durch wiederkehrende Aufgabenabfolgen und die Erstellung von Selbstlernmaterial in der Alpha-Box zu selbstständigem Lernen an. Durch den Aufbau von Lernroutinen können LN ihren Lernprozess zunehmend selbst steuern. Ergänzend gibt es im *Schreibtrainer* Portfolioaufgaben, die den Aufbau von Lernstrategien anregen.

Lernen lernen

Alpha-Box: Kopiervorlagen und Hinweise

Die *Hier! Alpha-Box* bietet optimales Begleitmaterial für den Unterricht in Form von *Kopiervorlagen* und *didaktischen Hinweisen*. So können Sie mit Ihren LN Selbstlernmaterial erstellen, das in der Verwendung kreativ erweitert bzw. individuell an Ihren Kurs angepasst werden kann. Darüber hinaus unterstützt es Sie in Ihrem binnendifferenzierten Unterricht und ermöglicht eine zeitliche Ausdehnung der Arbeit mit den drei Bänden auf insgesamt ca. 600 UE.

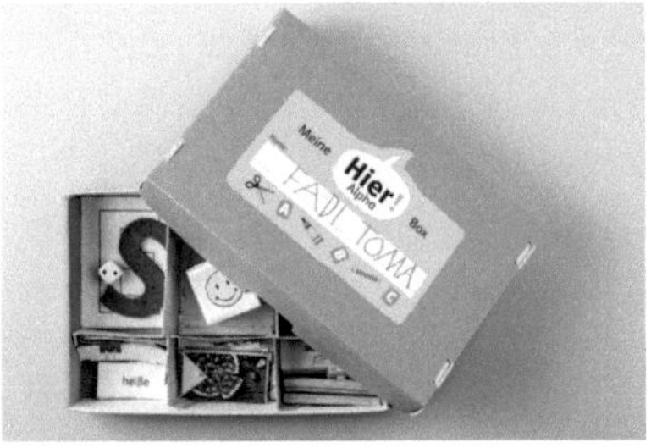

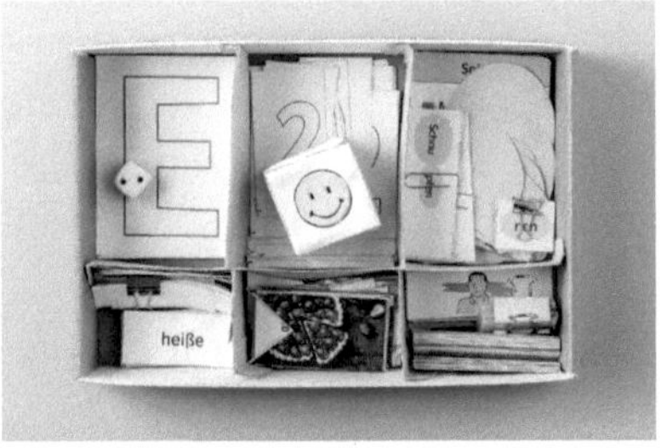

Materialerstellung und -anwendung

LN schneiden, falten und kleben ihr eigenes Lernmaterial, das sie anschließend in spielerischen Aufgaben anwenden. Die Bastelarbeit fördert gezielt ihre motorischen Fertigkeiten und der Umgang mit dem Material ist Teil des multisensorischen Lernens.
Das Angebot der *Hier! Alpha-Box* ergänzt jede Lektion durch unterschiedliche Spielmaterialien (z. B. Buchstaben-, Silben-, Wort- und Satzkarten sowie Bildmaterial), wodurch verschiedene Teilleistungen in einem kooperativen Kontext vertieft und geübt werden können. Vier Bereiche werden in der Alpha-Box aufgegriffen und über die drei Bände hinweg wiederholt und erweitert: der sichere Umgang mit Groß- und Kleinbuchstaben, das Erkennen und Automatisieren von Strukturen, die phonologische Bewusstheit und der Wortschatzerwerb.

Erklärvideos

Erklärvideos zu den vier Bereichen zeigen beispielhaft, wie man das Material einsetzen kann.

Wie sind die Lektionen aufgebaut?

Seitenaufteilung

Alle Lektionen sind gleich aufgebaut: Drei Doppelseiten sind in zwei Doppelseiten mit Kursbuchcharakter und einer Übungsbuch-Doppelseite untergliedert – gut erkennbar an der blauen bzw. der roten Umrandung. Die Kursbuchseiten führen den Lektionslaut szenarienbasiert ein und die Übungsbuchseiten wiederholen und trainieren den erarbeiteten Inhalt.

Modul

Jeweils drei Lektionen sind in einem Modul mit 18 Seiten zusammengefasst. Ein Modul bildet eine übergeordnete thematische Einheit, welche in drei kommunikativen Situationen in den Lektionen bearbeitet wird.

Einstieg

Die erste Seite bietet einen Einstieg in das Thema der Lektion. Das große Situationsfoto aktiviert über das Sehverstehen das Vorwissen der LN zum Thema und der dazugehörige Hörtext führt den Laut eingebettet in einer kommunikativen Situation über die Mündlichkeit ein. Foto und Hörtext situieren das Thema in einen realitätsnahen Kontext und stellen die Protagonisten der Lektion vor. Außerdem findet ein erster Einstieg in die phonologische Bewusstheit durch eine Nachsprechübung mit dem Fokus auf die Satzmelodie statt.

Graphemebene

Nach dieser mündlichen Austauschphase steht das Basisgraphem bzw. die Orthographeme zum Laut, die Schulung der Grafomotorik und das selektive Markieren der Zielgrapheme im Zentrum.

Wortebene

Auf der dritten Seite werden über das Sehverstehen die vier Lernwörter der Lektion eingeführt und im Laufe der Seite aus unterschiedlichen Perspektiven und mehrkanalig bearbeitet (hören, klopfen, nachsprechen, visuelle Differenzierung und schreiben der Zielgrapheme im Wortkontext).

Danach beschäftigen sich die LN mit dem Laut im Kontext der Chunks. Diese werden wiederholt, variiert und nachgesprochen. Die Alpha-Box-Aufgaben bieten die Möglichkeit, die Lerninhalte spielerisch anzuwenden und zu vertiefen. Sie bilden den Abschluss der Kursbuchseiten.

Chunkebene

Auf den beiden Übungsbuchseiten werden die Inhalte der Lektion noch einmal trainiert. In unterschiedlichen Übungen automatisieren LN ihre Lese- und Schreibkompetenzen. Die Basis- und Orthographeme der Lektion werden wiederholt und im Kontext der Silben, Lernwörter und Chunks geschrieben. Erweitert wird diese Kompetenz um das Erkennen von Schriftvarianten: Schreibschrift und Straßenschrift. Die Übungen eignen sich auch gut zur Binnendifferenzierung. LN können die Aufgaben zusätzlich im Unterricht bereits bearbeiten oder in Ruhe zu Hause.

Übungsbuch

Pro Band gibt es sechs Stationen. Nach einem Modul (nach jeder dritten Lektion) werden auf einer Doppelseite die Themen Zahlen, Preise und Uhrzeit, Vokaldifferenzierung und in Band 3 verschiedene Schriften sowie das Alphabet bearbeitet. Alle Stationen enden mit einer kommunikativen und spielerischen Abschlussaufgabe mit Kopiervorlagen und Hinweisen, die Sie online finden.

Stationen

Am Ende jedes Bandes bietet die Laut-Buchstabentabelle einen Überblick über die behandelten Phoneme und Grapheme. Sie ist ein wichtiges Instrument, um die Aussprache der Laute und deren Schreibung zu erklären bzw. zu verstehen. Die Arbeit mit der Lauttabelle sollte deshalb in jeder Lektion systematisch eingebaut werden. Darüber hinaus kann sie als Nachschlagewerk verwendet werden. Kopiervorlagen mit den vergrößerten Lautbildern stehen online zur Verfügung.

Buchstaben und Laute

Was bietet das Lehrerhandbuch?

Das Lehrerhandbuch unterstützt Sie bei der Planung, Organisation und Durchführung Ihres Unterrichts mit *Hier! Alpha*. Es enthält die Teile Einführung in das Lehrwerk, Anregungen zur *Ersten Stunde* und *Letzen Stunde* sowie einer Beschreibung der *Übungstypologie* pro Band kombiniert mit zusätzlichen *Hinweisen* und Tipps zur Unterrichtsgestaltung zu jeder Lektion.

Um Ihre Vorbereitung möglichst effektiv zu gestalten, lesen Sie zuerst die *Übungstypologie*. Darin werden die einzelnen Übungstypen und deren Abfolge ausführlich erläutert. Danach finden Sie in den *Hinweisen* pro Modul zunächst einen Überblick über die Lernziele und Lerninhalte (Grapheme, Lernwörter, Chunks) sowie das benötigte Material. Anschließend werden Sie von Lektion zu Lektion geführt und erhalten eine Vielzahl an Anregungen und Praxistipps, wie Sie Ihren Unterricht gestalten können. Zudem finden Sie dort die Lösungen zu ausgewählten Aufgaben. Anregungen zur Binnendifferenzierung, Varianten, Erweiterungen sowie Verweise auf benötigtes Material, Kopiervorlagen und Audios sind schnell über die Marginalspalte am linken und rechten Seitenrand ersichtlich.

Marginalspalte

Sämtliche Kopiervorlagen, einschließlich jener für die Alpha-Box-Aufgaben, sowie die Transkriptionen der Hörtexte erhalten Sie online.

Kopiervorlagen, Transkriptionen

Praktische Tipps für Ihren Unterricht: Checkliste

Basismaterial

Für den Einsatz in jeder Stunde sollten Sie Basismaterial vorbereiten und wenn möglich im Kursraum lagern. Richten Sie einen festen Platz für die Arbeitsutensilien ein, damit sich LN auch während des Unterrichts selbstständig die Materialien nehmen können. Führen Sie Routinen ein: LN holen sich das benötigte Material und ihre Alpha-Box zu Beginn und räumen alles am Ende des Kurstages wieder zurück.

Diese Dinge brauchen Sie:

- [ ] Audioabspielgerät (CD-Player, PC mit Lautsprecherbox, Smartphone mit Bluetooth-Box)
- [ ] eventuell PC mit Beamer
- [ ] fester Ablageplatz für die Alpha-Boxen
- [ ] Whiteboard-Stifte oder Kreide in verschiedenen Farben
- [ ] kleine Blanko-Zettel, Papier, Blanko-A3-Blätter (oder größer), Kartonpapier in verschiedenen Farben, Filzstoff
- [ ] Locher, Lineale, Scheren, Anspitzer
- [ ] Kleber, abreißbares Kreppklebeband
- [ ] verschiedene Stifte: Blei-, Bunt-, Filz- und Wachsmalstifte, Kugelschreiber, Textmarker
- [ ] Knete, Draht (zum Formen von Buchstaben)
- [ ] Klammern (für die Stifthaltung)
- [ ] Abstandshalter
- [ ] Prospekte, Zeitungen, Magazine (zum Ausschneiden von Graphemen, Wörtern oder Bildern)
- [ ] *Hier!* Poster: Weltkarte, Buchstaben und Laute; *Hier! Vorkurs online* Artikulationsfotos

Material zu *Hier! Alpha*

Bereiten Sie modulweise die benötigten Materialien zu *Hier! Alpha* vor. In den *Hinweisen* finden Sie Verweise auf Buchstaben in Form von Buchstabenkarten und / oder Filzbuchstaben, Wort- und Bildkarten, Situationsfoto und Porträtfotos bzw. Porträtmasken. Es empfiehlt sich, häufig verwendetes Material zu laminieren (Bild- und Wortkarten, Silbenkarten) oder aus stabilerem Karton anzufertigen (Buchstaben, Zahlen). Online finden Sie die Vorlagen:

- [ ] Buchstaben- und Zahlen-Set (aus Karton, evtl. ausgemalt zur besseren Erkennung)
- [ ] Filzbuchstaben-Set (Tipp: i-Punkt kann mit Nadel und Faden oder Draht befestigt werden)
- [ ] Bild- und Wortkarten für die Lernwörter
- [ ] Bildkarten für die Arbeitsanweisungen
- [ ] Porträtfotos bzw. Porträtmasken der Protagonisten
- [ ] Silbenkarten für betont – unbetont
- [ ] KV_Schreiblinien und / oder Heft
- [ ] Transkription des Hörtextes und Satzkarten der Chunks
- [ ] Plakate der Situationsfotos (oder über Beamer an die Wand)

Mehr als in jedem anderen Sprachkurs ist es in einem Kurs mit Alphabetisierung wichtig, für eine vertrauensvolle, fördernde Lernatmosphäre zu sorgen. Dazu gehört neben der Gestaltung des Unterrichtsraums und dem Bereitstellen verschiedener Materialien für den Unterricht auch eine aufmerksame Grundhaltung / Wahrnehmung.

Vorbereitung des Unterrichtsraums

Vor dem ersten Kurstermin sollten Sie den Unterrichtsraum idealerweise so gestalten, dass mehrere Gruppenarbeitstische gestellt werden können und sich in der Mitte des Raumes noch ein Stuhlkreis bilden lässt. Falls die Raumgröße oder die Raumnutzung in Ihrer Institution das nicht zulässt, stellen Sie die Tische möglichst in U-Form und achten Sie darauf, dass jede/r LN einen guten Blick zur Tafel hat und dass Sie die Tische schnell und unkompliziert zur Arbeit in Kleingruppen umbauen können. Die LN sollten auch ausreichend Platz für ihre Arbeitsmaterialien haben und sich leicht und ohne Umstände von ihren Stühlen zu Aktivitäten im Raum erheben können. Ebenfalls sollten Möglichkeiten vorhanden sein, Plakate o. Ä. im Raum aufhängen zu können.

Begrüßung

Je nach den Gegebenheiten vor Ort ist es vielleicht notwendig, die LN am Eingang zu empfangen und in den Kursraum zu geleiten, oder dafür zu sorgen, dass diese Aufgabe von einem Lotsen / einer Lotsin übernommen wird. Nennen Sie bei der ersten Begrüßung Ihren Namen und fragen Sie die LN nach ihren Namen: „Ich bin … Und wer sind Sie?" Begrüßen Sie die LN, wenn möglich, per Handschlag. Falls Einzelne unsicher sind, wohin sie sich setzen sollen, zeigen Sie Möglichkeiten auf.

Vorstellung

Wenn alle im Kursraum anwesend sind, heißen Sie die LN erneut willkommen. Sie können dazu ein Herz an die Tafel malen und mit einer unterstützenden Geste „Herzlich willkommen." sagen. Stellen Sie sich noch einmal mit Vor- und Familiennamen vor. Halten Sie ein vorbereitetes Namensschild hoch und sagen Sie: „Ich bin … Ich bin Ihre Lehrerin / Ihr Lehrer."

vorbereitete Namensschilder

Bereiten Sie Namensschilder für die LN vor, die Sie nach dem ersten Termin wieder einsammeln. Gehen Sie zu jedem/r LN, stellen Sie sich vor und fragen Sie: „Wer sind Sie?" Helfen Sie bei der Antwort „Ich bin …" und geben Sie jedem/r LN das entsprechende Namensschild.

Kettenübung

Wiederholen Sie die Vorstellungsrunde, indem Sie die LN sich der Reihe nach nach ihrem Namen fragen lassen. Unterstützen Sie bei den Fragen und Antworten. Gehen Sie dabei zu den einzelnen LN, sodass niemand das Gefühl haben muss, diese Aufgabe alleine bewältigen zu müssen.

Spiel

Oder veranstalten Sie eine „Stehparty". Bitten Sie die LN mit unterstützenden Gesten in die Mitte des Raumes. Ermuntern Sie die LN, sich auf die anderen LN zuzubewegen und „Hallo. Ich bin … Und wer sind Sie?" zu sagen. Gehen Sie mit, helfen und unterstützen Sie.

Anrede

Zu einem späteren Zeitpunkt können Sie im Kurs das Duzen und Siezen thematisieren. Im Lehrwerk *Hier! Alpha* und auch in *Hier!* duzen sich die Kursteilnehmenden untereinander, KL und LN siezen sich. Sie entscheiden, wie Sie in Ihrem Kurs verfahren wollen.

Organisatorisches

Kurslisten

Im Integrationskurs ist das Unterschreiben in der Anwesenheitsliste zu Kursbeginn eine wichtige wiederkehrende Aktion und sollte entsprechend gut mit den LN eingeübt werden. Gehen Sie mit der Liste und einem Kugelschreiber zu jedem/r LN, fragen Sie nach dem Namen und zeigen Sie, wo unterschrieben werden muss. Machen Sie das für längere Zeit immer zu Kursbeginn, bis die LN sicher die richtige Zeile finden. Es ist hilfreich, einen Kugelschreiber mit der Liste herumzugeben, um zu gewährleisten, dass nicht mit Bleistift unterschrieben wird.

Kurszeiten / Infos
Plakat zu Unterrichtstagen und -zeiten

Bereiten Sie ein Plakat mit den Unterrichtstagen und -zeiten sowie der Pausenregelung vor und weisen Sie die LN in den ersten Stunden nur darauf hin. Später können LN damit die Wochentage lernen und wiederholen. Beginnen Sie mit „Heute ist …" und zeigen Sie das Datum auf dem Plakat. Wiederholen Sie dieses Vorgehen zu Beginn jedes Kurstages und erweitern Sie es später evtl. um die Frage „Morgen ist …?"

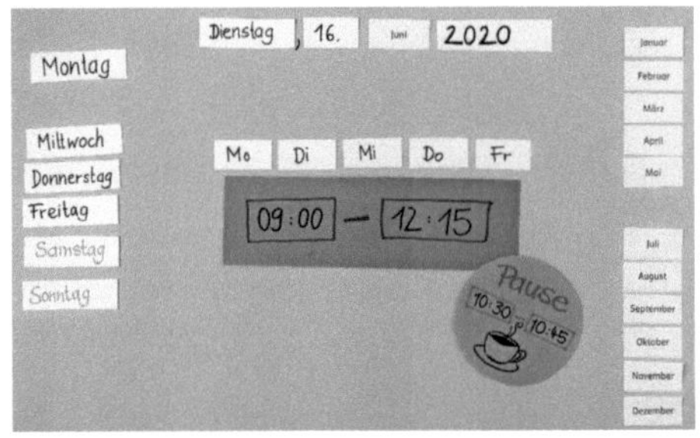

Tipp

Schreiben Sie jedes Mal das Datum mit Wochentag (zunächst evtl. nur Mo / Di / …) an die Tafel. LN können es jeden Tag abschreiben und so ihre Einträge im Ordner oder Heft strukturieren.

Zettel mit wichtigen Kontaktdaten

Hilfreich sind auch vorbereitete Zettel mit den Ansprechpartnern in der Institution und den entsprechenden Telefonnummern. Falls möglich können auch wichtige Informationen in den jeweiligen Herkunftssprachen verfasst werden.

Lehrwerk
Zettel mit ISBN von *Hier! A1.1*

Vorbereitete Zettel mit Titelinformation und der ISBN-Nummer, die den LN bei der Anmeldung mitgegeben werden, helfen den LN beim Kauf des Buches. Informieren Sie ggf. die LN, wo man am Kursort das Buch kaufen oder bestellen kann. Stellen Sie sicher, dass die LN zur ersten Stunde das Lehrwerk *Hier! Alpha 1* mitbringen.

Kursmaterialien
Tasche mit: Stift, Radiergummi, Heft, Schere, Buch, Anspitzer, Kleber, Marker

Zeigen Sie nun die Kursmaterialien, die LN immer dabei haben sollten. Stellen Sie eine Tasche mit den wichtigsten Kursmaterialien auf den Tisch, holen Sie nacheinander die Gegenstände heraus und benennen Sie diese: „Das ist eine Tasche. Das ist ein Stift. Ein Radiergummi. Ein Heft. Eine Schere. Ein Buch. Ein Anspitzer. Ein Kleber. Ein Marker." Wichtig ist, dass der Wortschatz nur mündlich und noch nicht schriftlich präsentiert wird. Wiederholen Sie gemeinsam mit den LN mehrfach die Wörter, indem Sie den Gegenstand hochhalten und LN das Wort (mit oder ohne unbestimmtem Artikel) sagen. Zeigen Sie die Gegenstände erst langsam, dann immer schneller. Dann so schnell, dass LN die Wörter nicht mehr sagen können, es aber klar ist, dass diese Aktion zur Erheiterung dienen soll.

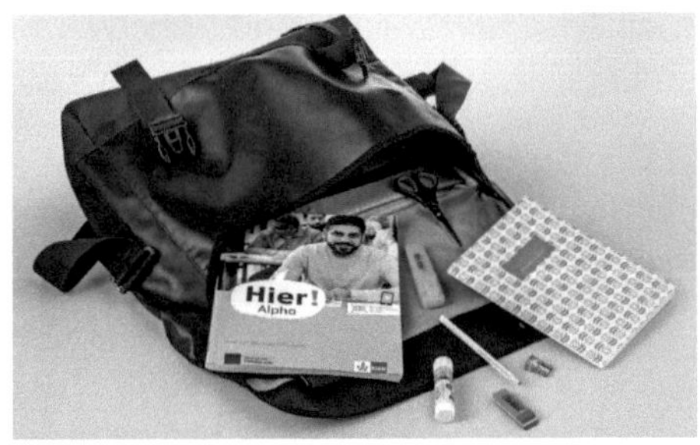

Reihenübung

Geben Sie einem/r LN einen der gezeigten Gegenstände und sagen Sie z. B. „(Ein) Radiergummi". LN wiederholt das Wort und gibt den Gegenstand dabei seinem Nachbarn / seiner Nachbarin usw. Beginnen Sie beim nächsten Gegenstand bei einem/r anderen LN.

Stofftaschen mit Kursmaterialien

Bereiten Sie Stofftaschen mit je zwei, drei der benötigten Gegenstände vor. Verknoten Sie die Taschen, damit der Inhalt nicht sichtbar ist, LN ertasten und benennen die Gegenstände.

Variante
Erste Stunde 1

Oder LN spielen zu zweit oder in Kleingruppen Memory. Sie brauchen dazu eine Stofftasche mit den Materialien und Kopiervorlage 1. LN schneiden die Bildkarten aus und legen sie verdeckt auf den Tisch. LN 1 zieht einen Gegenstand aus der Tasche und benennt diesen. Dann deckt er / sie eine Karte auf und sagt das Wort. Stimmen beide Gegenstände überein, darf das Paar behalten und eine weiteres Mal gespielt werden. Wenn nicht, ist LN 2 an der Reihe, usw.
Zum Schluss kann auch zuerst eine Karte aufgedeckt werden und dann mit geschlossenen Augen der entsprechende Gegenstand aus der Tasche gezogen werden.

Variante

LN spielen nur mit den Bildkarten Memory. Dazu wird der doppelte Satz Bildkarten gemischt und verdeckt auf den Tisch gelegt. LN 1 deckt zwei Karten auf und benennt die Gegenstände. Passen diese zusammen, darf er / sie die Karten behalten und weiterspielen. Wenn nicht, ist LN 2 dran.

Stifthaltung

Zum Ausprobieren von Stiften und Stifthaltungen legen Sie auf den Tischen im Kursraum Papiere in verschiedenen Größen und verschiedene Schreibmaterialien aus (dünne, dicke Blei- und Buntstifte in unterschiedlichen Härtegraden, Kugelschreiber, Filzstifte, Wachsmalkreide). Evtl. können Sie auch die Tafel miteinbeziehen.

A4, A3 Papier, Bleistifte, Buntstifte, Kugelschreiber, Filzstifte, Wachsmalkreide

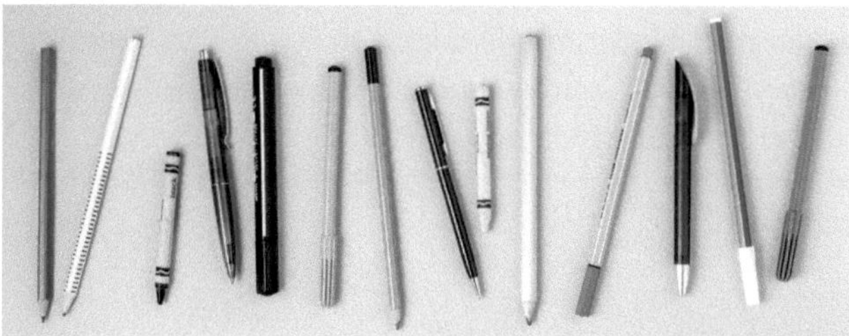

Bitten Sie die LN, nun herumzugehen und an jedem Tisch die Materialien auszuprobieren. LN können dazu mal die rechte, mal die linke Hand benutzen oder gleichzeitig mit beiden Händen schreiben. Ebenso können LN die verschiedenen Mittel zur Stifthaltung testen. Demonstrieren Sie, wie und warum diese zu nutzen sind. Zeigen Sie eine „falsche" / unbequeme Stifthaltung und dann eine für die Hand angenehmere. Gehen Sie herum und unterstützen Sie. LN zeichnen dicke und dünne Linien, drücken mal zarter, mal fester auf. Wenn Sie bemerken, dass einzelne LN eine verkrampfte Hand- und Fingerhaltung haben, führen Sie handgymnastische Übungen durch (siehe nächste Seite). Sie können auch Knete an die LN austeilen und sie damit experimentieren lassen. Sie können kurze oder lange Würste formen und Kreise oder Halbkreise legen lassen. Auf diese Weise bereiten Sie die LN auf die Grundformen der Buchstaben vor.

Handgymnastik

Klammer, Haargummi

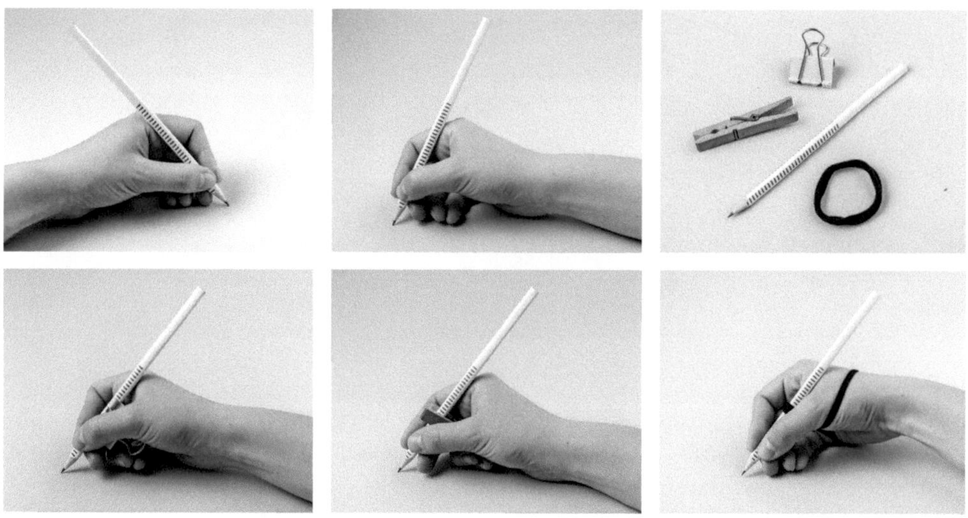

Verteilen Sie im Anschluss Kopiervorlage 2. LN sollen herausfinden, was in welcher Tasche ist, und dazu die von den Gegenständen ausgehenden Linien nachfahren. LN können zuerst mit dem Finger die Linien nachfahren. Wenn klar ist, welcher Gegenstand in welche Tasche gehört, zeichnen sie den jeweiligen Weg am besten mit unterschiedlichen Farben für Tasche 1 und Tasche 2 nach. Zum Schluss benennen LN die Gegenstände: „Das ist ein / eine … und ein / eine …"

Erste Stunde 2

Handgymnastik

Bieten Sie den LN vor und nach den Mal- und Schreibübungen diese Lockerungsübungen an. Kreisen Sie die Schultern in beide Richtungen und führen Sie handgymnastische Übungen vor: Machen Sie eine Faust, strecken Sie die Hand wieder, wechseln Sie dann die Hand (Abb. 1–2). Lassen Sie beide Hände in den Handgelenken kreisen. Wechseln Sie die Richtung (Abb. 3). Machen Sie eine Faust und öffnen Sie Finger für Finger, beginnend mit dem Daumen (Abb. 4–6). Ist die ganze Hand geöffnet, schließen Sie die Hand wieder mit dem kleinen Finger beginnend. Massieren Sie die Finger wach (Abb. 7–9), indem Sie mit Daumen und Zeigefinger die Finger der anderen Hand nacheinander sanft von oben nach unten streichen. Wiederholen Sie jeweils 10-mal. Bauen Sie die Übungen immer wieder in Ihren Unterricht ein. Das lockert und entkrampft die Hände der LN.

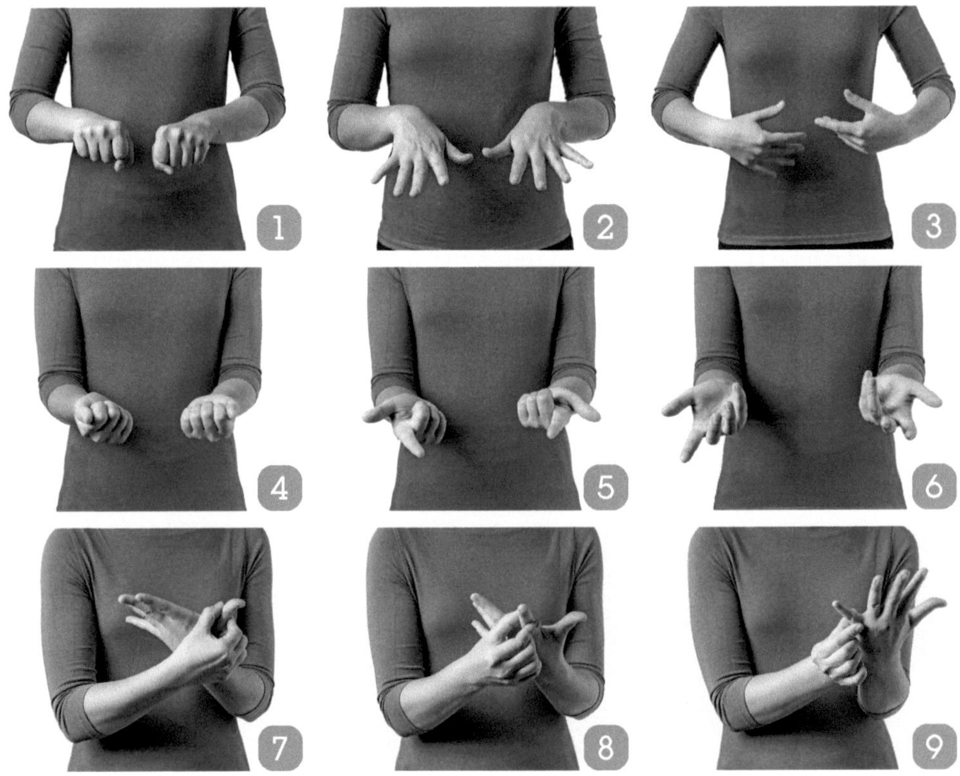

Rhythmusspiele

Zur Auflockerung bieten sich rhythmische Klatschspiele an. Alle stehen im Kreis. Beginnen Sie mit dem Vorklatschen (einmal, zweimal, laut, leise, langsam, schnell, …), LN klatschen nach. Dann wird gewechselt, ein/e LN beginnt, die anderen klatschen nach usw. Die LN haben meist Spaß dabei und das Klatschen fördert auf spielerische Weise die phonologische Bewusstheit.

Variante Sie können auch Handgymnastik und Rhythmik verbinden: Mit einem Finger klopfen, einmal, zweimal, die Finger abwechseln. Mit der ganzen Hand klopfen, beim Zurücknehmen der Hand eine Faust machen usw. LN können das auch in Kleingruppen am Tisch machen.

Oder Sie nutzen das rhythmische Klatschen zur Wiederholung des neu gelernten Wortschatzes. Zeigen Sie auf einen Gegenstand im Kursraum, nennen Sie das Wort und klatschen Sie dazu (z. B. einmal für Buch, zweimal für Tasche). Fordern Sie die LN auf, das ebenso zu machen. Evtl. nennen Sie in einem weiteren Durchgang nur das Wort und die LN klatschen die Silbenzahl.

Nutzen Sie diese Übungen auch immer wieder in Ihrem Unterricht.

1 Was sehen Sie auf dem Foto? Sprechen Sie.

Der Einstieg in eine jede Lektion von *Hier! Alpha* geschieht über das Sehverstehen und aktiviert das Welt- und Kontextwissen der LN. Ausgangspunkt sind Breitbandfotos mit authentischen Situationen, welche die LN aus ihrem Alltag in Deutschland kennen. Durch den visuellen und gleichzeitig thematischen Gesprächsanlass sollen LN an das modulübergreifende Szenario herangeführt und Vorwissen aktiviert werden. Präsentiert werden drei verschiedene Szenen, die in ihrer Darstellung variieren: entweder sind es drei Szenen auf einem Foto (z. B. *Willkommen 1-3*), auf zwei Fotos (z. B. *Anmeldung 1-3*) oder auf drei einzelnen Fotos (z. B. *Einkaufen und Essen 1-3*).

szenarienbasierter Einstieg

Die Aufgabenstellung ist bewusst offengehalten. Aktivieren Sie zunächst das mündliche Sprachwissen der LN. Sammeln Sie mit den LN bereits bekannte Wörter oder Chunks, aber schreiben Sie die Wörter nicht mit. Wortschatz und Strukturen werden später schrittweise in der Lektion eingeführt. Ziel ist es, das Vorwissen der LN abzurufen und dabei ressourcenstärkend vorzugehen. Lassen Sie zudem Raum für kulturelle Aspekte, die vom Weltwissen der LN abweichen könnten. Achten Sie darauf, dass sich die LN nach ihren Lernständen ab der ersten Stunde aktiv einbringen.

Vorwissen abrufen

Da die Fotos pro Modul drei Mal präsentiert werden, können sie ab der zweiten Lektion zur Wiederholung von eingeführtem Wortschatz und Chunks verwendet werden. Die Fotos regen nicht nur dazu an, sich auf das Thema der Lektion einzustimmen, sondern helfen auch, den Kontext für den in der nächsten Aufgabe kommenden Hörtext vorzubereiten und zu entlasten.

Befestigen Sie das Poster mit dem Einstiegsfoto gut sichtbar im Raum oder projizieren Sie das Foto an die Wand. Stellen Sie sich mit den LN zusammen vor das Poster und sammeln Sie mündlich das Vorwissen und Assoziationen der LN.

Tipp
Poster 1

Drucken Sie die zum Einstiegsfoto passenden Porträts aus. Wählen Sie ein Porträt (z. B. Nada) und sagen Sie einen passenden Chunk (z. B. Guten Tag.). Dann sammeln Sie weitere Chunks, die Nada sagen könnte, oder wählen ein anderes Porträt. Ab der zweiten Lektion eines Moduls können Sie so die Chunks aus der vorhergehenden Lektion wiederholen und Mini-Dialoge spielen lassen.

Erweiterung
Porträts

2 Wer spricht? Hören Sie und kreuzen Sie an.

Im nächsten Schritt wird ein Hörtext zu einer der dargestellten Szenen präsentiert. Dabei geht es um globales Hörverstehen. LN hören einen Dialog und ordnen ihn der entsprechenden Personengruppe zu.

Für die Bearbeitung der Aufgabe ist es nicht wichtig, den Dialog komplett zu verstehen. Der Fokus liegt nicht auf den sprachlichen Strukturen. Die LN bringen Strategien mit, die sprachenübergreifend funktionieren und die sie hier anwenden können. Die Aufgabe kann ausschließlich darüber gelöst werden, ob zwei Männer, zwei Frauen oder ein Mann und eine Frau miteinander sprechen. Aus den Hörtexten lassen sich Verständnisfragen ableiten: *Wer spricht?, Wie viele?, Eine, zwei oder drei Personen?, Spricht eine Frau oder ein Mann?, Wie alt ist die Person?, Was sagt…?, Wo ist es?* etc.

sprachübergreifende Strategien

Der Hörtext ist so konzipiert, dass der Laut der Lektion implizit eingebettet ist, jedoch vorerst nicht fokussiert wird. Einzelne Lernwörter und Chunks, die den Ziellaut enthalten, werden so schon einmal gehört, bevor sie im weiteren Verlauf der Lektion bearbeitet werden.

Hinweis

3 Hören Sie. Sprechen Sie nach.

LN hören nun isoliert zwei Chunks, die aus dem Hörtext herausgegriffen werden. Lassen Sie dabei die schriftliche Fassung der Chunks noch unberücksichtigt. Durch die Präsentation der Porträts funktioniert diese Übung gleichzeitig als visuelle Auflösung der vorherigen Ankreuzübung.

Tipp

Befestigen Sie die beiden Porträts (z. B. *Willkommen 1*: Anna Nagel und Nada Aziz) an der Tafel und zeichnen Sie die Melodiekurven der Chunks in Sprechblasen daneben.

Satzmelodie

Zeigen Sie die Geste für *hören* an und lassen Sie die Chunks bei geschlossenem Buch hören. Begleiten Sie dabei die Melodiekurven mit einer Handbewegung. Spielen Sie Dirigent/in: Halten Sie die flache Hand vor sich und machen Sie zu beiden Chunks eine passende Bewegung am Satzende (aufsteigend, gleichbleibend oder fallend). Regen Sie die LN an, die Bewegung der Hand zu imitieren, und weisen Sie so auf den typischen Verlauf der Satzmelodie hin. Das fördert die phonologische Bewusstheit der LN. Summen Sie als Nächstes die Chunks zum Hörtext mit. Erst danach lassen Sie die Chunks chorisch nachsprechen. Gehen Sie nun in das Buch. LN hören die Chunks und fahren mit dem Finger die rote Melodiekurve mit dem Finger nach. Diese Aktion führt die LN sachte von einer vertikalen Bewegung in der Luft in eine horizontale Bewegung in das Buch.
Mit dem Einbeziehen des schriftlichen Textes in Kombination mit dem Nachfahren der Melodiekurve wird das Konzept eines naiv-ganzheitlichen Lesens verfolgt, wobei LN an dieser Stelle eher wiederholen anstatt lesen. Fortgeschrittenere LN können evtl. schon Grapheme erkennen oder einzelne Wörter mitlesen. Trotzdem geht es an dieser Stelle nicht darum, die Chunks zu erlesen oder gar zu schreiben. Der Text ist vielmehr als eine Art „Platzhalter" zu verstehen. Im Vordergrund steht das mündliche Wiederholen und Auswendiglernen der Chunks. Achten Sie unbedingt darauf, dass die Melodiekurve beim Nachsprechen richtig ist.

4 Malen Sie.

Stifthaltung
Schreibrichtung

Zur Förderung der Schreibmotorik machen LN erste spielerische Schwungübungen mit einem Stift. Sie üben dabei die Stifthaltung, lockern die Handgelenke und üben Bewegungsabfolgen als Vorbereitung für die Produktion der Buchstaben und für einen rhythmisierten Schreibfluss. Führen Sie an dieser Stelle auch die Schreibrichtung von links nach rechts ein. Planen Sie am Anfang viel Zeit und Ruhe ein. Erweitern Sie diese Übung auch im Heft, mit dem Einsatz von Blanko-Papier oder der Kopiervorlage für die Schreiblinien. Führen Sie handgymnastische Übungen (siehe *Erste Stunde*, S. 14) mit den LN durch, damit sie ihre Hände und Schultern entspannen und entkrampfen können.

Schreiblinien
Handgymnastik

5 Schreiben Sie mit dem Finger. Malen Sie aus.

den Laut
vorsprechen

Bevor sich die LN näher mit der Gestalt der jeweiligen Grapheme (in Form von Buchstaben oder Buchstabengruppen) beschäftigen, präsentieren Sie den dazugehörigen Laut. Hierbei ist es wichtig, dass Sie mit der Lautiermethode nur den Lautwert mit deutlichem Mundbild aussprechen. Bei <N> sprechen Sie demnach „Nnn" und nicht „En". Zur Unterstützung der korrekten Aussprache können Sie die Artikulationsfotos in der Laut-Buchstabentabelle auf S. 126 / 127 verwenden.

Zielgrapheme

Sprechen Sie den jeweiligen Lautwert mehrmals vor und lassen Sie die LN chorisch mitsprechen. Zeigen Sie an der Tafel Stück für Stück, wie das Graphem geschrieben wird. Achten Sie auf den Anfangspunkt und die Schreibrichtungen. Zeigen Sie dann auf das Graphem und sagen Sie „Nnn".

Wenn es sich anbietet, können Sie auch einen Namen oder ein Lernwort einbeziehen: „Nnnn wie Nada." Wiederholen Sie diese Vorgehensweise mit <n>.

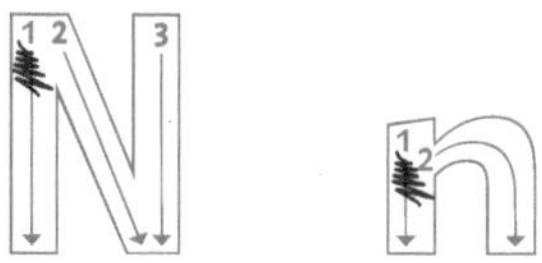

LN konzentrieren sich dann mit verschiedenen Techniken auf die Gestalt der Grapheme und die Bewegungsabfolgen. Die Grapheme werden zuerst mit dem Finger entlang der Pfeile „erfahren", in einem nächsten Schritt wird die Form der Grapheme durch das Ausmalen „erlebbar" gemacht. Regen Sie die LN an, verschiedene Stifte zum Ausmalen der Buchstaben zu verwenden.

Hinweis

Die abgebildeten Bewegungsabfolgen für die Grapheme sind eine Möglichkeit der Umsetzung. Alternativen sind jedoch möglich. Lassen Sie diese zu, was zählt, ist das entstandene Graphem.

6 **Schreiben Sie.**

LN schreiben mit Hilfe der gepunkteten Linien die Grapheme der Lektion nach. Dabei können sie sich an der in Übung 5 kennengelernten Bewegungsabfolge orientieren. Sie üben die Stifthaltung, die Schreibrichtung und Abstände (zwischen den Buchstaben) zu halten. Durch die Positionierung der Grapheme auf einer Schreibzeile können die Größenverhältnisse der Groß- / Kleinbuchstaben geübt werden. Erweitern Sie die Übung durch den Einsatz von Kopiervorlagen mit Schreiblinien.

Schreiblinien

7 **Markieren Sie ... und ....**

Schriftvarianten

Diese Übung dient der visuellen Differenzierung von Graphemen. In zwei Reihen werden unterschiedliche Buchstaben in verschiedenen Schriftvarianten, die von Band 1 bis Band 3 erweitert werden, präsentiert. LN gehen von links nach rechts die Buchstabenreihen, in Band 1 mit Buchstabengrenzen und mit abwechselnder Schrift zwischen fett und nicht fett, durch und markieren selektiv die Grapheme der Lektion. Dass es sich bei den abgebildeten Graphemen um die der jeweiligen Chunks handelt, können LN im Laufe der drei Bände eventuell erkennen, für die Bearbeitung der Aufgabe in Band 1 kann das unberücksichtigt bleiben.

Tipp

Schreiben Sie die Buchstabenreihe an die Tafel. Zeigen Sie von links beginnend einzeln auf die Grapheme und „lesen" Sie z. B. „Nnn". Ist es nicht das Zielgraphem, sagen Sie „Nnn? Nein.", schütteln mit dem Kopf und gehen zum nächsten Graphem. LN markieren die Grapheme im Buch.

8 **Hören Sie. Sprechen Sie nach.**

Lernwörter

LN lernen pro Lektion vier Wörter kennen, die das Zielgraphem an unterschiedlichen Positionen im Wort beinhalten. Am Anfang von Band 1 erkennen sie nur die bereits eingeführten Grapheme.

Die Einführung der vier Lernwörter erfolgt über eine Kombination aus Hör- und Sehverstehen. Die Visualisierung der Wörter in der Bildleiste sichert deren Verständnis und aktiviert das Alltagswissen der LN. Während des Hörens können LN mit dem Finger die Lernwörter verfolgen bzw. „mitlesen", um die Textebene mit einzubeziehen. Das lautweise Dekodieren kann zwar zu Beginn noch nicht erfolgen, es fördert jedoch das ganzheitliche Worterkennen. Nach dem ersten Hören und „Mitlesen" nehmen LN im nächsten Schritt die Wörter selbst „in den Mund" und sprechen sie nach, wobei das Mitfahren der Lernwörter mit dem Finger weitergeführt werden kann.

Tipp

Unterstützen Sie die Semantisierung der Lernwörter zusätzlich mit dem Einsatz von Bewegungen, Mimik, Gestik, Pantomime oder Realien.

9 Was hören Sie? Kreuzen Sie an.

In dieser Übung zum selektiven Hörverstehen hören die LN noch einmal den Einstiegsdialog und sollen Lernwörter aus Aufgabe 8 heraushören und in den präsentierten Wörtern wiedererkennen. Verweisen Sie darauf, dass die vier Lernwörter auf der Seite immer untereinanderstehen. So können sich die LN an der Bildleiste mit den in gleicher Reihenfolge angeordneten Lernwörtern orientieren. In den ersten drei Lektionen ist ein Lösungswort bereits angekreuzt. Die Anzahl der im Hörtext enthaltenen Lernwörter variiert von Lektion zu Lektion.

Tipp Um die tabellarische Darstellung der Lernwörter transparent zu machen, können Sie mit den LN ein Raster in die Seite 8 von Aufgabe 8 bis 12 zeichnen und die Wortreihen von oben nach unten durchgehen. Mit dieser Hilfestellung können Sie zeigen, dass die Wörter identisch sind.

10 Hören Sie. Sprechen Sie nach und klopfen Sie.

Wortakzent

Zur weiteren Förderung der phonologischen Bewusstheit lernen die LN, Wörter in Silben zu zerlegen. Die Darstellung der Sprechsilben in großen und kleinen Ovalen vermittelt die Akzentmuster und rhythmischen Grundeinheiten der Lernwörter. LN lernen, wie Wörter silbengliedernd gesprochen werden können, sodass sie diese Fähigkeit später auf Sätze übertragen können.

LN hören die Lernwörter langsam in Silben gesprochen, sprechen sie nach und klopfen dazu: die betonte Silbe mit den Fingerknöcheln der geschlossenen Hand, die unbetonte mit der Handinnenfläche.

Tipp Achten Sie auf das Einschleifen der Reduktionssilbe, die als zweite Silbe der Bestandteil der allermeisten Lernwörter ist. Sie beinhaltet meist wie im Beispielwort den Schwa-Laut.

11 Lesen Sie. Markieren Sie ... und ....

Hier wird der Fokus auf das selektive Erkennen des Graphems im Wortkontext gelegt. LN „lesen" (evtl. mit dem Finger) die Lernwörter und sollen die Zielgrapheme erkennen und markieren. Da die Grapheme an unterschiedlichen Positionen in den Lernwörtern vorkommen, wird das Wiedererkennen des Graphems in Groß- und Kleinschreibung geübt.

12 Schreiben Sie.

Als Erweiterung zur Erkennung des Graphems schreiben LN in den Lernwörtern die Zielgrapheme nach. Durch die graue Nachschreibschrift und die tabellarische Darstellung der Lernwörter können die LN vor allem in den ersten Lektionen die Grapheme in Groß- und Kleinschreibung durch Abmalen einüben.

13 Diese Aufgabe übt die visuelle Differenzierung der Grapheme bzw. der Lernwörter und fördert den Aufbau eines Sichtwortschatzes. Es gibt drei Varianten dieser Aufgabe, die sich innerhalb eines Moduls in gleicher Reihenfolge wiederholen:

Welches Wort sehen Sie? Verbinden Sie.

Variante 1

In der ersten Variante sollen LN die vier Lernwörter einer Version mit vertauschten Buchstaben zuordnen. Die Übung fördert Strategien, die zum Worterkennen angewendet werden können (Wörter nach dem Zielgraphem in Groß- und Kleinbuchstaben absuchen, Wortlänge abgleichen, Anzahl der Buchstaben), und hilft beim Aufbau eines Sichtwortschatzes.

Welche Wörter sehen Sie. Markieren Sie.

Variante 2

Die zweite Variante zeigt ein Gitterrätsel mit den Lernwörtern. In späteren Lektionen können außerdem Wörter aus einer vorhergehenden Lektion auftauchen. LN üben den Lernwortschatz, indem sie die Zeilen von links nach rechts in Schreib- und Leserichtung durchgehen. Wird eine Buchstabenabfolge wiedererkannt, kann das Wort markiert werden. Als Hilfestellung können LN die Wörter in Aufgabe 8 heranziehen und die Schreibung überprüfen.

Trennen Sie die Wörter.

Variante 3

Die dritte Variante präsentiert die Lernwörter in einer Wortschlange. LN sollen die Wortschlange nachfahren und das Ende bzw. den Anfang eines Lernwortes erkennen und mit einem Trennstrich markieren. Diese Übung wiederholt und vertieft den Lernwortschatz, baut den Sichtwortschatz auf und trainiert das Erkennen von Wortgrenzen.

14 **Markieren Sie … und ….**

Satzebene

LN sollen nun zum ersten Mal die Grapheme auf Satzebene selektiv markieren. Dafür bearbeiten sie das Schriftbild der jeweiligen Chunks der Lektion. Durch das Einüben der Chunks in Aufgabe 3 können diese evtl. ganzheitlich als Schriftbild wiedererkannt werden.

15 **Welches Wort sehen Sie? Markieren Sie und kreuzen Sie an.**

Zur visuellen Differenzierung fokussieren die LN je ein Wort als Ganzes aus dem visuell bekannten Schriftbild der Chunks und wiederholen und vertiefen erneut die Chunks dabei. Pro Chunk sind zwei mögliche Wörter vorgegeben, nach denen der Chunk abgesucht werden soll. Dabei wenden LN die in Aufgabe 13 eingeübten Strategien für ein genaues Abgleichen bzw. Lesen an.

16 **Hören Sie. Sprechen Sie nach.**

Chunks automatisieren

Ein Chunk oder beide Chunks der Lektion werden aufgegriffen, vertieft und variiert. LN hören die Chunks und sprechen sie nach. Wo es passt, ergänzen LN die Sätze mit eigenen Angaben. Die Varianten werden durch Visualisierungen unterstützt. Durch die Erweiterungen der Chunks soll ein Transfer in verschiedene Situationen aufgezeigt werden. Variieren Sie, wo es möglich ist, die Chunks mündlich. Lassen Sie die Aussagesätze und Fragen mehrfach sprechen und ermuntern Sie LN, darauf zu reagieren. Das Ziel ist es, dass LN die Chunks mündlich automatisieren und in ihrem Alltag anwenden können. Die Aufgabe 16 bereitet zudem (in den meisten Fällen) thematisch die Arbeit mit der Alpha-Box in den nächsten beiden Aufgaben vor.

17 **Basteln Sie.**

Alpha-Box

Thematisch zur jeweiligen Lektion passend, erstellen die LN selbstständig anhand von Kopiervorlagen Kursmaterialien zum Wiederholen und Vertiefen. Folgende Teilbereiche lassen sich abwechselnd damit üben: Grapheme / Buchstaben, phonologische Bewusstheit, Wörter und Chunks, grammatische Strukturen. Mit den Materialien lassen sich Themen, wie z. B. Nomen und Artikel oder Silbenmuster, nach und nach bearbeiten. Sie wiederholen sich bewusst mit kleinen Erweiterungen und bauen so aufeinander auf. (Beispiele finden Sie in den Erklärvideos.)

Erklärvideos

Alpha-Box_ Hinweise

Die Materialerstellung wird mit Fotos visuell angeleitet und unterstützt Sie bei der Erklärung. Wichtig ist bei der Anleitung, dass Sie es praktisch vormachen. Sie finden dazu online zu jeder Alpha-Box-Aufgabe Hinweise, in denen die einzelnen Bastelschritte beschrieben werden. Planen Sie für die Alpha-Box-Einheiten viel Zeit ein, da während der Materialerstellung nicht nur die inhaltlichen Themen geübt, sondern auch die motorischen Fähigkeiten geschult werden.

Binnendifferenzierung

Zudem bietet die Alpha-Box einen festen Platz zur Binnendifferenzierung. Erweitern oder kürzen Sie das Material, kombinieren Sie die Lernspiele verschiedener Lektionen miteinander, um es individuell an Ihre LN anzupassen.

18 Sprechen Sie. / Spielen Sie.

Alpha-Box_ Hinweise

Die erstellten Materialien können nun von den LN spielerisch angewendet werden. Die Alpha-Box-Aufgaben bilden den produktiven Abschluss des Kursbuchteils. LN üben, wiederholen kommunikativ und handlungsorientiert den Lernstoff der Lektionen. Alpha-Themen können hier vertieft und erweitert werden und bieten die Möglichkeit zum binnendifferenzierten Arbeiten. Eine Beschreibung finden Sie in den *Hinweisen* zur jeweiligen Kopiervorlage der Alpha-Box-Aufgabe.

19 Schreiben Sie.

Schreiblinien

LN schreiben den Groß- und Kleinbuchstaben des Zielgraphems bzw. die Orthographeme auf Schreiblinien nach einem vorgegebenen Beispiel ab. Für das weitere Automatisieren des Graphems können LN die Kopiervorlage mit den Schreiblinien in unterschiedlichen Größen nutzen.

20 Schreiben Sie.

In dieser Übung werden die Chunks wiederholt und das Schriftbild vertieft. In den Chunks fehlen zu Beginn nur die Zielgrapheme der Lektion, später auch andere bereits bekannte Grapheme, die die LN ergänzen sollen. Die möglichen Grapheme sind neben der Arbeitsanweisung angegeben. Die Chunks sind in einer Boxschrift dargestellt, welche die Raum-Lage-Position der Grapheme thematisiert und die LN bei der Auswahl des passenden Graphems unterstützt.

N n
Gute_ Tag!
Mei_ _ame ist _ada.

21 Schreiben Sie. Lesen Sie.

LN sollen in dieser Übung die vier Lernwörter der Lektion erkennen, in denen das jeweilige Zielgraphem nur durch eine unvollständige Schrift angedeutet ist. LN erweitern das Zielgraphem visuell und vervollständigen es im Wortkontext. Die vier Lernwörter werden in einer anderen Anordnung als auf der Einführungsseite dargestellt. LN können jedoch ihre Lösung überprüfen, indem sie eine Seite zurückblättern und ihre ergänzten Wörter mit denen z. B. in Aufgabe 11 abgleichen.

22 Welches Wort sehen Sie? Markieren Sie und kreuzen Sie an.

In dieser Aufgabe werden die LN mit Sätzen in verschiedenen Schreibschriften konfrontiert, in denen sie einzelne bekannte Wörter identifizieren sollen. Ziel ist dabei, dass LN mit Schreibschriften vertraut gemacht werden und nicht, dass sie diese selbst verwenden. Vielmehr trainieren sie durch das (Wieder-)Erkennen und Erlesen von bekannten Wörtern und Sätzen den Sichtwortschatz.

Angelehnt an Aufgabe 15 werden vier Chunks bzw. Varianten davon in jeweils unterschiedlichen Schreibschriften präsentiert. Ihnen gegenüber werden je zwei Wörter in bekannten Druckbuchstaben (Lernwörter oder Wörter aus der Lektion) gestellt. Die Aufgabe der LN ist es, visuell zu erfassen, welches der beiden vorgegebenen Wörter im Chunk vorkommt.

23 **Lesen Sie.**

Silbenmethode

LN wiederholen Lernwörter oder Lektionswörter in Silben zerlegt. Die bekannten Darstellungen für betonte und unbetonte Silben aus Aufgabe 8 werden aufgegriffen. LN erlesen die Wörter aufbauend in Silben und können ähnliche Strukturen erkennen.

Erweitert wird die Übung in späteren Lektionen durch das Weglassen des Silbenkerns bei bekannten Vokalen. Implizit wird zudem der Schwa-Laut in der Reduktionssilbe thematisiert, welcher sich nie im Silbenkern befindet. Die weiße Nachschreibschrift soll visuell auf die Reduktion hinweisen. LN ergänzen somit den fehlenden Vokal im Silbenkern und den Schwa-Laut <_e> in den Reduktionssilben. Diese Übung kann Skelettschreibungen vorbeugen und LN darauf hinweisen, nicht die Vokale in den Silben wegzulassen.

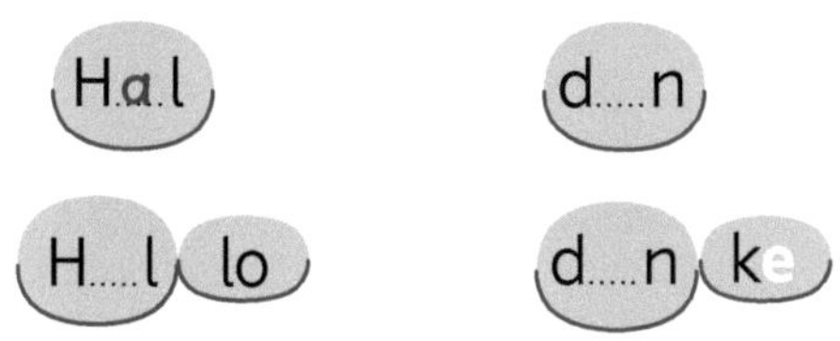

24 **Verbinden Sie.**

Für diese Aufgabe gibt es in Band 1 zwei Varianten. In Lektion 1 bis 7 werden an dieser Stelle die Arbeitsanweisungen eingeführt. Zu den Aufgabenstellungen gibt es im ganzen Lehrwerk Symbole, sodass sie für die LN zugänglich sind. LN verbinden zunächst eine bildliche Darstellung und später eine Arbeitsanweisung als Schriftbild mit dem entsprechenden Symbol. Dies unterstützt sie dabei, früh Aufgaben eigenständig bearbeiten zu können.

24 **Hören Sie. Lesen Sie.**

aufbauendes Lesen

Ab *Im Deutschkurs 2* (Lektion 8) wird das aufbauende Lesen geübt und mit einem Hörtext angeleitet. LN können das Zusammenschleifen einzelner Laute zu einem Wort aus ihrem Sichtwortschatz in Schriftrichtung verfolgen. Beachten Sie bei der Übung, dass Sie die Lautiermethode verwenden und nicht den Buchstabennamen, sondern die Buchstabenlautwerte aussprechen.

s
s e
s e h
s e h e
s e h e n

Sprechen Sie bewusst immer nur die Laute, die im Wort als Ganzes vorkommen, z. B. [ˌze:] bzw. [ˌze:ə] bei „seh" und „sehe" und nicht etwa [ˌze:h] bzw. [ˌze:hə] mit h, da es sich hierbei um ein Dehnungs-h handelt, das nicht gesprochen wird. Falls Sie bei dieser Aufgabe unsicher sind, verwenden Sie die passende Audio-Datei.

Tipp

Anschließend kann die Worterkennung mit Gestik, Bildkarten oder Bildern im Buch erfolgen. LN verstehen die Wörter, auch wenn diese Laute und Grapheme beinhalten, die sie noch nicht explizit gelernt haben, da es sich um eingeführte Wörter in der Lektion handelt und ihnen die Grapheme zumindest bekannt sind.

25 Schreiben Sie.

In dieser Automatisierungsübung schreiben LN die Zielgrapheme im Kontext der Chunks. In drei Zeilen werden die Chunks wiederholt und später variiert. In späteren Lektionen sollen auch mehrere Grapheme geschrieben / ergänzt werden. Von Zeile 1 bis 3 steigt der Schwierigkeitsgrad der Übung: Während in der ersten Zeile entlang der gepunkteten Linien Grapheme nachgeschrieben werden, ergänzen LN sie in der zweiten Zeile in leere Kästchen und schreiben sie frei auf einer Grundlinie in der dritten Zeile.

26 Schreiben Sie.

Erstmals bekommen LN die Möglichkeit, einen Chunk komplett zu schreiben. Durch die Punkte ist das Nachmalen von noch unbekannten Graphemen möglich. Als Binnendifferenzierung können LN nur einzelne Grapheme, die sie erkennen, nachschreiben, bis hin zu bekannten Wörtern oder den ganzen Chunk. Regen Sie als Lernstrategie an, in der Lektion den Satz zu suchen, der passt. LN können dann die Sätze abgleichen.

27 Schreiben Sie.

LN wiederholen und vertiefen einen weiteren Chunk der Lektion. Es handelt sich um den zweiten Chunk oder eine Antwort auf den Satz in Aufgabe 26. LN fahren wieder die Punktschrift nach und ergänzen die Leerstelle mit einer individuellen Angabe, die sie frei schreiben.

28 Lesen Sie. Markieren Sie ... und ....

Diese Übung konfrontiert die LN mit authentischen Abbildungen, in denen sie Lernwörter visuell erfassen und markieren sollen. Dabei wird das Erkennen des Sichtwortschatzes in verschiedenen Straßenschriften und Schriften im Alltag geübt. Da es sich um authentisches Material handelt, können verschiedene Schreibungen auftauchen, die von der erlernten Schreibweise in der Lektion abweichen. So werden z. B. nur Großbuchstaben verwendet oder das Graphem <ß> wird als <ss> geschrieben.

Projekt Regen Sie die LN an, auch auf ihrem Weg (z. B. zum Kurs) die Grapheme der Lektion oder auch Wörter, die das Graphem beinhalten, zu suchen und zu fotografieren. Damit findet ein Transfer von Kursinhalten in die unmittelbare Lebenswelt der LN statt. Auf diese Weise kann eigener Wortschatz realitätsnah erweitert werden. Nehmen Sie die Fotos im Buch als Inspiration, sammeln Sie eigene Fotos mit den LN, erstellen Sie eine Fotowand und veranstalten Sie eine Fotoausstellung.

Willkommen

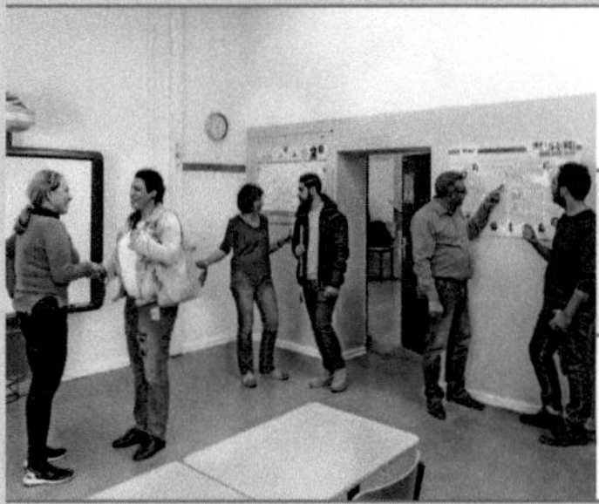

1	**N n**	Morgen, Nacht, Abend, Name	Guten Tag. Mein Name ist Nada.
2	**_e _en**	schreiben, lernen, heißen, willkommen	Wie heißen Sie? Ich heiße Ali.
3	**A a**	Hallo, Amt, Land, danke	Hallo, Mustafa. Woher kommst du? Ich komme aus Algerien.

Lernziele und Material

LN lernen, sich zu begrüßen und sich mit Namen und Herkunftsland vorzustellen und dieses zu erfragen. Die Situation entspricht einer ersten Stunde eines Alpha-Kurses.

Bereiten Sie Folgendes vor: Poster 1, Porträtfotos / Porträtmasken, Buchstaben- und Graphemkarten, Filzbuchstaben, Lernwortschatzkarten, KV_1_1, 2, 3, KV_Schreiblinien, KV_Boxschrift (für Aufgabe 20), KV_Arbeitsanweisungen, evtl. Chunk- und Transkriptionsstreifen, große Artikulationsfotos (aus *Hier! Vorkurs online*), A3-Papier, kleine Zettel, abreißbares Kreppklebeband, evtl. Ball, Weltkarte

Willkommen 1

LN lernen Chunks zur Begrüßung und sich mit ihrem Vornamen vorzustellen. Sie lernen den Laut [n] kennen. Zielgraphem ist <N n>.

1 Zeigen Sie das Einstiegsfoto im Buch oder als Poster. Was sehen die LN? Was kennen sie? Gibt es Wörter oder Floskeln, die sie schon auf Deutsch sagen können? Sammeln Sie mündlich und ergänzen Sie ggf. einzelne wichtige Wörter. Notieren Sie aber noch nichts.

Poster 1

2 LN hören den Dialog zwischen der Kursleiterin und Nada. Wer spricht? LN zeigen auf die Frauen und kreuzen an. Demonstrieren Sie zu Beginn mehrfach das Ankreuzen und helfen Sie.

1_1

3 LN hören die Chunks und sprechen sie mehrmals nach. Dabei fahren sie mit dem Finger die Melodiekurven entlang oder zeigen sie mit dem Arm in der Luft. Achten Sie darauf, dass diese Gesten nur in der Aufgabe und nicht in den kommunikativen Situationen genutzt werden.

1_2

4 LN machen zur Vorbereitung auf das Graphem <N n> Schwungübungen. ➔ *Übungstypologie 1*

5 Sprechen Sie mehrfach den Laut [n] vor: „Nnn … Nada." Machen Sie dazu eine deutliche Mundhaltung (vgl. Artikulationsfoto, S. 126) und zeigen Sie an der Tafel, wie Sie das Graphem schreiben.

Gestalten Sie Buchstabenplakate. Bringen Sie ein großes Blatt Papier an der Tafel an. Reißen Sie von einer Rolle Kreppband nach und nach passende Streifen ab. Kleben Sie die Streifen nach der Nummerierung und der Schreibrichtung der Pfeile zum entsprechenden Graphem zusammen. Markieren Sie den Startpunkt farbig.

Tipp
A3-Papier, abreißbares Kreppklebeband

6 Zeigen Sie, wie die Punkte verbunden werden. Achten Sie darauf, dass die LN beim Kleinbuchstaben <n> die Rundung ausführen. Unterstützen Sie in den Aufgaben 4 bis 6 beim Arbeiten im Buch ggf. bei der Stifthaltung und den Bewegungsabfolgen.

LN schreiben Groß- und Kleinbuchstaben ins Heft oder auf ein Blatt mit Schreiblinien.

Bidi ↗

7 LN markieren zur Unterstützung in der Arbeitsanweisung die Zielgrapheme. Evtl. stellen Sie zusätzlich Buchstabenkarten oder Filzbuchstaben zur Verfügung, damit LN die Zielgrapheme besser vergleichen können.

Bidi ↘

Bidi ↗ Bringen Sie zusätzliches Material (Prospekte oder selbsterstellte kleine Sätze) für fortgeschrittene LN mit. LN können dazu ebenfalls die Chunk- und Transkriptionsstreifen nutzen.

1_3 / **Lernwortschatzkarten** 8 Stellen Sie sicher, dass den LN die Bedeutung der Lernwörter klar ist, z. B. dass das Wort *Morgen* für die Tageszeit steht und nicht für die abgebildete Tasse oder deren Inhalt. Zeichnen Sie über einer Horizontlinie den Sonnenverlauf mit Sonnenaufgang und -untergang. Zeigen Sie *Morgen / Abend / Nacht*. Nutzen Sie dazu auch die Bilder der Lernwortschatzkarten.

Erweiterung Zur Vertiefung der Lernwörter können Sie zusätzlich die Bild- und Wortkarten nutzen. LN legen die Karten wie im Buch untereinander und wiederholen die Wörter. In späteren Lektionen können LN mit den Karten Memory spielen, um den Lernwortschatz zu sichern.

1_1 9 LN hören den Einstiegsdialog noch einmal und sollen das Lernwort *Name* erkennen.

Tipp Zeigen Sie das Lösungswort *Name* als Bild- und Wortkarte oder schreiben Sie das Wort an die Tafel. LN stehen auf, wenn sie das Wort hören.

Bildkarte: Klopfen 10 Nehmen Sie sich Zeit, das Sprechen und Klopfen in Sprechsilben mit den LN einzuüben. Beginnen Sie mit dem Bild der Arbeitsanweisung *Klopfen Sie*. Bitten Sie die LN, die Haltungen und Bewegungen der Handsymbole zu imitieren und starten Sie ein „Trommelkonzert". Machen Sie eine rhythmische Klopf- oder Klatschübung aus der *Ersten Stunde* → S. 14

1_4 Demonstrieren Sie dann die Sprechsilbenmuster für ein- und zweisilbige Wörter: Klopfen Sie bei zweisilbigen Wörtern einmal lauter für die betonte Silbe und schlagen Sie leiser mit der flachen Hand auf den Tisch für die unbetonte Silbe. Klopfen Sie nur einmal für einsilbige Wörter. Üben Sie diese beiden Klopfmuster mit den LN so lange, bis sie den Rhythmus fließend klopfen können.

LN hören nun die Wörter, sprechen Sie nach und klopfen sie.

Erweiterung Zeigen Sie die Bildkarten der Lernwörter. LN nennen das Wort und klopfen.

Bidi ↘ / **N n** 11 LN markieren die Grapheme <N n> in der Arbeitsanweisung und nutzen die Graphemkarten, um die Zielgrapheme in den Lernwörtern zu identifizieren.

12 LN können die Schreibbewegung zunächst mit dem Finger auf dem Tisch wiederholen.

Bidi ↘ 13 Lösen Sie die Aufgabe gemeinsam. Schreiben Sie das Beispiel an die Tafel und fragen Sie, warum die Zuordnung richtig ist. Sammeln Sie Tipps und demonstrieren Sie oder LN am Beispiel. Bieten Sie ggf. weitere Buchstabenkombinationen der Lernwörter an.

Erweiterung Stellen Sie ein Lernwort und die einzelnen Buchstaben des Lernworts bereit. LN bringen die Buchstaben in die richtige Reihenfolge.

Porträtsfotos / -masken 14 Wiederholen Sie die Chunks mit Hilfe der Porträtfotos oder erstellen Sie Porträtmasken von Anna Nagel und Nada Aziz. Verwenden Sie dazu einen Schaschlikspieß und die Porträtsfotos. Schreiben Sie die Chunks an die Tafel und suchen Sie mit Hilfe der Graphemkarten die Zielgrapheme.

Bidi ↘ LN markieren die Grapheme in der Arbeitsanweisung und nutzen die Graphemkarten, um die Zielgrapheme in den Chunks zu identifizieren.

Bidi ↗ LN nutzen zusätzlich die Chunk- oder Transkriptionsstreifen.

Wortkarten 15 Unterstützen Sie, indem Sie die Lösungswörter *Tag* und *Name* als Wortkarten bereitstellen. LN beginnen von links die Wörter in den Chunks zu suchen.

Bidi ↘ Zur Vereinfachung können Sie einen Satz und die Antwortmöglichkeiten abdecken.

1_5 16 LN lernen verschiedene Begrüßungsfloskeln zu den Tageszeiten kennen. Sie hören und sprechen nach. Wiederholen Sie mehrfach. Zeigen Sie auf ein Foto und beginnen Sie mit „Guten …" Lassen Sie die LN ergänzen. Welche Tageszeit ist es gerade im Kurs? LN antworten passend.

Wie heißen die Begrüßungsfloskeln in den Herkunftssprachen der LN? Stellen Sie sich mit den LN im Kreis auf und spielen Sie.

Erweiterung Ggf. können LN auch den Chunk *Gute Nacht* lernen. Weisen Sie darauf hin, dass er nicht als Begrüßungsfloskel genutzt wird.

17–18 LN erstellen ihre eigenen Namensschilder und stellen sich erneut vor. 1_1

Tipp Wiederholen Sie in der ersten Zeit zu Beginn eines jeden Kurstermins eine Vorstellungsrunde mit den Namensschildern.

Varianten Sammeln Sie die Namensschilder ein und legen Sie sie auf den Tisch. LN holen sich ihr eigenes Namensschild. An einem späteren Kurstermin vertauschen Sie die Namensschilder am Platz der LN. LN bringt das falsche Schild der richtigen Person.

19 Um das Schreiben auf der Grundlinie zu üben, können LN einen Papier- oder Pappstreifen nutzen, den sie an der roten Linie anlegen. Nutzen Sie die KV_Schreiblinien und das Heft für weitere Schreibübungen. — Pappstreifen; Schreiblinien

Tipp Planen Sie vor und nach Schreibaktivitäten Übungen zur Handgymnastik ein. → S. 14

20 Demonstrieren Sie die Raum-Lage-Position der Grapheme mit Hilfe der Kopiervorlage. LN vergleichen die Größe der ausgeschnittenen Boxen mit den Größen der Leerboxen auf der Kopiervorlage. — Bidi ↘; Boxschrift

21 Zur Vorentlastung für das Ergänzen der Zielgrapheme schneiden LN die Buchstaben mit zwei Schnitten auseinander und setzen sie wieder richtig zusammen. — Bidi ↘; N n

22 Nutzen Sie zur Unterstützung ähnlich wie in Aufgabe 15 Wortkarten der Lösungswörter. — Wortkarten

24 Führen Sie die ersten Arbeitsanweisungen ein. Zeigen Sie die Karten mit den Bildern zu *hören, sehen / lesen* und *sprechen* und unterstützen Sie zusätzlich mit entsprechenden Gesten. Sprechen Sie nun dazu die Verben. Zeigen Sie in einem nächsten Schritt die Symbole und lassen Sie die passenden Bilder dazu finden. LN schlagen nun das Buch auf Seite 11 auf und verbinden. — Bildkarten Arbeitsanweisungen

25 LN ergänzen die Zielgrapheme. Weisen Sie in Zeile 2 noch einmal auf die unterschiedlichen Größen der Leerboxen hin. In Zeile 3 (Schreiben auf der Grundlinie) müssen die Grapheme noch nicht die exakten Größenverhältnisse widerspiegeln.

26–27 LN ergänzen nur die Zielgrapheme. Ergänzen Sie stellvertretend die fehlenden Buchstaben. — Bidi ↘

27 LN schreiben nach und ergänzen ihren Namen.

28 Bringen Sie verschiedene Formulare / Überweisungsformulare (Sparkasse etc.) / Anmeldekarten mit. LN markieren *Name*. Evtl. erkennen LN schon, dass in *Vorname* ebenfalls das Lernwort enthalten ist. — Formulare

Willkommen 2

LN lernen nach dem Namen zu fragen und zu antworten. Sie lernen den Schwa-Laut kennen, der häufig schwach bis sehr verschliffen gesprochen wird und dadurch eine häufige Fehlerquelle ist. Oft wird er von den LN beim Schreiben weggelassen oder durch einen anderen Vokal ersetzt. Regional gibt es Unterschiede in der Betonung der Reduktionssilben mit [ə]. Zielgrapheme sind <_e> <_en>.

Poster 1

1 Zeigen Sie das Einstiegsfoto im Buch oder als Poster und wiederholen Sie: Welche Wörter kennen / erinnern die LN, welche Wörter haben sie neu gelernt, welche Situation kennen sie schon. LN zeigen die passende Personengruppe. Wie heißen die Frauen? (Anna Nagel / Nada).

Fragen Sie: „Was denken Sie: Was kommt jetzt?“ Vielleicht erkennen die LN anhand der Porträtfotos in Aufgabe 3 die passende Situation. Überlegen Sie gemeinsam, worum es sich handeln könnte, was die Personen sagen könnten. Sammeln Sie mündlich einzelne Wörter. Lassen Sie kleine Dialoge sprechen oder spielen.

2 Zeigen Sie in der Arbeitsanweisung auf das Symbol für *hören* und fragen Sie nach der Bedeutung: „Was machen wir jetzt?“ Fragen Sie: „Welche Personen hören Sie?“ Zeigen Sie auf die Gruppen und benennen Sie sie: „Die Frau und der Mann? Die Männer?“

1_6

LN hören und zeigen auf die passende Personengruppe. Demonstrieren Sie noch einmal das Ankreuzen. Hören Sie noch einmal. Welche Wörter / Sätze haben LN verstanden? Sammeln und wiederholen Sie.

1_7

3 Achten Sie auf die korrekte Aussprache vor allem bei den Verben, aber vermeiden Sie eine Überbetonung der Endsilbe mit dem Schwa-Laut.

Erweiterung
Ball

Nutzen Sie für den Dialog eine Wiederholung der Vorstellungsrunde. LN 1 wirft LN 2 einen Ball zu und fragt: „Wie heißen Sie?“ LN 2 wirft dann zu LN 3 usw. In einem ersten Durchlauf antworten die LN mit „Ich heiße Ali.“, im zweiten Durchlauf mit ihren eigenen Namen.

Tipp

Achten Sie auch von Beginn an darauf, dass LN das Wort „ich“ nicht wie „isch“ sprechen. Zur Unterstützung lächeln Sie breit und sprechen „ich“.

4 Beginnen Sie wieder mit Übungen zur Handgymnastik. Je nach Situation im Kurs können Sie auch zunächst die Schwungübungen in der Luft wiederholen. ➔ *Erste Stunde*, S. 14

2_69
_e

5 Zeigen Sie auf das Foto von Ali und wiederholen Sie den Chunk „Ich heiße Ali.“ Wiederholen Sie „Ich heiße …“, sprechen Sie den Schwa-Laut isoliert und zeigen dazu das Graphem <_e>. Machen Sie das mehrfach. Achten Sie darauf, den Laut nicht zu betonen, sondern ihn wie ein erschöpftes Ausatmen auszusprechen. Im Track auf S. 126 können Sie den Schwa-Laut anhören.

Bidi ↘

6 Achten Sie darauf, dass LN beim Verbinden der Punkte beim <_e> keinen geschlossenen Kreis schreiben. Demonstrieren Sie an der Tafel, wo es einen freien Zwischenraum geben muss.

Schreiblinien

LN üben die Grapheme zusätzlich auf der Kopiervorlage. Zeigen Sie beim Graphem <_en> die unterschiedlichen Abstände zwischen den Buchstaben und den sich wiederholenden Graphemen. LN können als Abstandhalter einen schmalen Pappstreifen oder den Finger nutzen.

7 Demonstrieren Sie die Aufgabe an der Tafel oder auf einem großen Blatt. Da hier nur noch das Graphem <_e> markiert werden muss, können Sie zur Unterstützung ein ausgeschnittenes *e* oder eine Karte mit dem Graphem nutzen. LN vergleichen Buchstabe für Buchstabe und markieren *_e*.

1_8

8 Unterstützen Sie die Semantisierung der Lernwörter. Fragen Sie: „Was machen die Personen? Was sagen sie?“ Erinnern Sie an den Einstiegsdialog. „Was möchte Ali machen? Was sagt die Sekretärin zu Ali?“ Hören und sprechen Sie gemeinsam mit den LN die Wörter. Wiederholen Sie. Zeigen Sie auf ein Bild, LN nennen das Wort und umgekehrt. LN können diese Übung zu zweit vertiefen.

1_6

9 LN hören noch einmal den Einstiegsdialog und konzentrieren sich dabei auf die Lernwörter. Fragen Sie: „Welche Wörter hören Sie?“ LN zeigen im Buch auf die Wörter, die sie hören. Lösung: schreiben, lernen, heißen, willkommen

Variante
Lernwortschatzkarten

Verteilen Sie je ein Lernwort an die LN, je nach Kurs und LN als Bild- oder Wortkarte. LN halten die Karte hoch oder stehen auf, wenn sie ihr Wort hören.

10 Zeigen Sie auf das Symbol für *Klopfen Sie.* und machen eine fragende Geste. Wenn LN sich nicht erinnern, nennen Sie das erste Wort und klopfen. LN wiederholen. Führen Sie das mit den restlichen drei Lernwörtern ebenso durch. LN lernen hier ein weiteres Betonungsmuster kennen.

will kom men

Hören Sie den Track. LN sprechen nach und klopfen die Silben. Wiederholen Sie mehrfach. 1_9

11 Präsentieren Sie an der Tafel die vier Lernwörter. Sprechen Sie die Lernwörter.
Zeigen Sie das Graphem <_en> auf einer Karte und zeigen Sie, wie Sie es in den Wörtern suchen, indem Sie Buchstabe für Buchstabe vergleichen. Markieren Sie dann das Graphem in den Wörtern.

Erstellen Sie ein Arbeitsblatt, auf dem die vier Lernwörter in der gleichen Reihenfolge wie im Buch, aber mehrfach untereinander angeordnet sind. LN können so das Markieren üben. Bidi ↘

12 Demonstrieren Sie an der Tafel. Schreiben Sie z. B. an einem Whiteboard die Lernwörter mit einem schwarzen Stift und die Zielgrapheme mit einer anderen Farbe. Überschreiben Sie sie dann mit dem schwarzen Stift. Sprechen Sie dabei die Wörter. LN arbeiten im Buch.

13 In diesem Gitterrätsel sind zwei Lernwörter aus der aktuellen und zwei aus der vorherigen Lektion zu finden. Lösung: heißen, willkommen, Nacht, Name

Tipp
Zur Unterstützung können Sie die Wörter an die Tafel schreiben oder Sie geben den LN die Wörter aus den Wort- / Bildkarten. Evtl. demonstrieren Sie auch, wie ein Gitterrätsel konstruiert wird. Schreiben Sie dazu die vier Wörter *heißen*, *willkommen*, *Nacht* und *Name* wie im Buch untereinander an die Tafel und wiederholen Sie gemeinsam die Wörter. Malen Sie nachträglich das Gitter dazu. Die freien Kästchen ergänzen Sie anschließend.

LN können die vier Wörter in unterschiedlichen Farben markieren.

14 Hier ist es wichtig, dass die LN die Grapheme des Schwa-Lautes markieren und nicht den Buchstaben <e>. Schreiben Sie dazu die Chunks an die Tafel. Sprechen Sie die Chunks und zeigen Sie die Graphemkarte *_en*. LN zeigen das Graphem an der Tafel und im Buch. _en _e

Arbeiten Sie in gleicher Weise mit dem *_e*. LN markieren dann *_e* im Buch. Helfen Sie bei Bedarf.

15 Demonstrieren Sie wie in den Hinweisen zu *Willkommen 1* beschrieben. → S. 24

16 Wiederholen Sie vor der Hörübung die Frage *Wie heißen Sie?* LN antworten mit ihren Namen. Fragen Sie dann: „Was antwortet die Frau, was antwortet der Mann?", und zeigen auf die Fotos.

Hören Sie den Track. LN sprechen die Antworten nach. Beim dritten Bild machen Sie eine fragende Geste. Falls kein/e der LN reagiert, antworten Sie mit Ihrem Namen. Fragen Sie dann direkt einige LN nach ihren Namen. LN sollen nun alle „durcheinander" mit ihren Namen antworten. 1_10

17–18 LN erstellen Material zu Verben und Pronomen und lernen erste Konjugationsmuster zu *ich* und *Sie*. 1_2

Erweiterung
In Lektion 1 haben die LN die Symbole zu *hören / sprechen / sehen* (*lesen*) kennengelernt. Üben Sie mündlich: „Ich höre. Sie hören." usw.

Variante
Nennen Sie ein Verb, z. B. *lerne*. LN ergänzen mündlich das passende Pronomen und wiederholen komplett: „Ich lerne." usw.

19 LN üben ggf. zusätzlich im Heft oder auf KV_Schreiblinien. Schreiblinien

23 LN schreiben zum ersten Mal <_e> in der Reduktionssilbe nach. In den folgenden Lektionen wird der Schwa-Laut in jeder Reduktionssilbe nachgeschrieben.

24 Die Arbeitsanweisungen zu *klopfen, schreiben, sehen / lesen* werden eingeführt und geübt. LN suchen die Symbole auf den Seiten 16 und 17. Fragen Sie: „Welches Bild finden Sie nicht?"

26–27 LN schreiben nach und ergänzen ihren Namen oder nur Zielgrapheme.

Bidi ↘ 28 Zur Unterstützung können Sie *lernen* in Großbuchstaben bereitstellen.

Willkommen 3

LN lernen nach dem Herkunftsland zu fragen und zu antworten. Der Kurzvokal [a] wird präsentiert, Zielgraphem ist <A a>.

Poster 1, Porträtfotos

1 Arbeiten Sie mit dem Foto im Buch oder dem Poster. Wiederholen Sie den Wortschatz und die Dialoge aus den vorausgegangenen Lektionen. Wenn möglich, lassen Sie im Raum ein ähnliches Setting wie auf dem Foto darstellen und die Dialoge spielen. Wiederholen Sie mit den LN auch konkret zu den Personengruppen die dazugehörigen Chunks aus *Willkommen 1 und 2.* Überlegen Sie gemeinsam, worüber die Männer sprechen, was sie fragen könnten, evtl. woher die Männer kommen könnten.

Weltkarte, Länderflaggen

Sprechen Sie gemeinsam im Kurs über die Herkunft der LN. Aus welchen Ländern, aus welchen Städten oder Dörfern kommen sie? Nutzen Sie dazu, wenn möglich, eine Weltkarte und helfen Sie den LN beim Finden der jeweiligen Länder und Orte. Zeigen Sie die Orte auf der Karte mit einer entsprechenden Geste und sagen Sie z. B.: „Das Land heißt Irak. Die Stadt heißt Bagdad."

Leiten Sie dann wieder zur Personengruppe im Buch über. Sie können eine kleine Umfrage nach den Herkunftsländern der beiden Männer machen und die Länder an der Tafel notieren: Einzelfotos von Mustafa und Abbas und dazu vermuteter Ländername und / oder Länderflagge anheften.

1_11

2 LN hören den Track und überprüfen ihre Vermutungen. Bitten Sie die LN, sich auf das Hören der Länder / der Stadt zu konzentrieren. Zeigen Sie beim Hören auf die jeweilige Person.
Hören Sie den Dialog noch einmal, um die Namen der Männer zu verstehen und um sie dann den richtigen Ländern zuordnen zu können. Wer ist wer? Zeigen Sie auf die Personen. Was sagt Mustafa? „Ich komme aus Algerien." Was sagt Abbas? „Ich komme aus dem Irak. Aus Bagdad."

Tipp Sie können auf der Karte die Länder suchen lassen. Evtl. wiederholen die LN ihre Herkunftsländer, z. B. „Ich komme aus dem Irak." Üben Sie ggf. den Chunk „Ich komme auch aus dem Irak."

3 Hören Sie die Chunks und sprechen Sie sie gemeinsam nach. Wiederholen Sie und machen Sie die typische Handbewegung dazu.

4 Beginnen Sie wieder mit Handgymnastik. Stellen Sie zusätzlich Papier, auf dem die Schwungübungen erweitert werden können, zur Verfügung.

A a

5 Präsentieren Sie den Laut und zeigen Sie die offene Mundstellung (vgl. Artikulationsfoto, Seite 126). Halten Sie dazu die Graphemkarten <A a> hoch, sprechen Sie den Kurzvokal [a]- Algerien.

LN schreiben mit dem Finger die Grapheme und malen sie mit verschiedenen Stiften und Farben nach.

Bidi ↘ 6 Helfen Sie schwächeren LN bei der Aufgabe. Stellen Sie weiteres Material zur Verfügung.
Bidi ↗ Fortgeschrittene LN können die Aufgabe selbstständig bearbeiten und die Buchstaben im Heft üben.

7 Unterstützen Sie ggf. mit Buchstabenkarten oder den Filzbuchstaben. A a

LN können die Buchstaben auch in der Arbeitsanweisung markieren. Bidi ↘

8 Klären Sie die Situationen auf den Fotos. Was macht man z. B. auf einem Amt? Bringen Sie Fotos von relevanten Ämtern in Ihrer Stadt mit oder zeigen Sie sie auf dem Smartphone.

Wenn LN die Wörter semantisch erfasst haben, hören sie den Track. LN sprechen nach und üben die Wörter. Nutzen Sie die Wort- / Bildkarten für die Sprechübungen. 1_13 Lernwortschatzkarten

9 Lösung: Hallo, danke 1_11

13 Demonstrieren Sie an der Tafel. Schreiben Sie die Wörter in ähnlicher Weise an. Evtl. erkennen einige LN schon bekannte Wörter und können sie durch Striche abtrennen. Falls nicht, schreiben Sie ein Wort an die Tafel und bitten die LN, es zu suchen. Nutzen Sie evtl. Wortkarten zur Unterstützung. Bei Bedarf geben Sie weitere Beispiele vor. Lernwortschatzkarten

Anschließend arbeiten LN im Buch und trennen die Wörter.

Stellen Sie entweder alle Wörter als Wortkarten für LN zur Verfügung oder Sie beschränken sich auf eine entsprechende Anzahl der Lernwörter dieser Lektion. Hilfreich ist auch, die Wörter unterschiedlich farbig zu markieren, nachdem LN sie getrennt haben. Bidi ↘

LN können die Wörter ins Heft schreiben. Später können LN eigene Wortschlangen herstellen und untereinander tauschen. Bidi ↗

15 LN sollen hier nur die passende Konjugationsform erkennen, aber noch keine Grammatikübungen dazu machen.

16 Beginnen Sie mit der Frage: „Woher kommen Sie?", zeigen auf die Symbole und wiederholen: „Wir hören. Wir sprechen."

Hören Sie den Track und sprechen Sie gemeinsam nach. Evtl. ergänzen LN von allein die Aussage „Ich komme aus … " Falls nicht, geben Sie ein Beispiel vor und wiederholen die Aufgabe. 1_15

LN befragen sich nun gegenseitig nach ihrer Herkunft. Lassen Sie die LN reihum fragen und antworten, in Kleingruppen, im Raum umhergehend. *Erweiterung*

17–18 LN erstellen Wort- / Bildkarten zu ausgewählten Herkunftsländern und spielen Memory. 1_3

Eine einfachere Variante ist das sogenannte Klatsch-Memory: Es werden zwei Karten aufgedeckt, aber nur eine wird wieder zugedeckt. Das geht reihum weiter, bis eine passende Karte auftaucht. Wer zuerst auf die bereits offen liegende Karte klatscht, bekommt das Paar und darf weiterspielen. *Variante*

23 LN ergänzen das erste Mal den fehlenden Vokal im Silbenkern. In der Reduktionssilbe wird Schwa bzw <_e> ergänzt.

28 Schreiben Sie *Amt* und *Sozialamt* an, ggf. ***Amt*** direkt unter *amt* von *Sozialamt*. LN vergleichen die Buchstaben. Bidi ↘

Regen Sie LN an, z. B. im Rathaus oder Bürgerbüro der Stadt nach den Lernwörtern zu suchen.

Abschließend können LN die Aufgaben zum Modul im *Schreibtrainer* bearbeiten. ➔ S. 4–7

Station 1

Lernziel und Material

LN lernen die Ziffern und die Zahlen von 0 bis 10 zu benennen, zu verstehen und zu schreiben sowie Postleitzahlen und Telefon- und Handynummern zu nennen und zu verstehen.

Bereiten Sie Folgendes vor: Karten mit den Zahlen 0 bis 10 (KV_Station 1), verschiedene Karten mit Postleitzahlen und Orten sowie Karten mit verschiedenen Telefonnummern, KV_Schreiblinien, um die Zahlen zu schreiben, Blanko-Karten, evtl. einen beliebigen offiziellen Brief

Zahlenkarten

1 Zur Vorentlastung schreiben Sie die Zahlen an die Tafel oder zeigen die Zahlenkarten. Oft kennen LN schon einige Zahlen und werden sie benennen. Wiederholen Sie die Zahlen gemeinsam.

1_16

LN hören den Track, sprechen die Zahlen nach und zeigen auf die Zahlen im Buch.

LN üben die Zahlen. LN 1 zeigt auf eine Zahl, LN 2 benennt sie.

Erweiterung / Variante

LN nennen der Reihe nach in mehreren Runden die Zahlen; gehen Sie von LN zu LN und helfen Sie. Nutzen Sie diese Übung später zur Wiederholung, Auflockerung und bei der Erweiterung des Zahlenraums. Erhöhen Sie bei einer dieser Wiederholungen das Tempo, in dem die Zahlen genannt werden sollen. Dirigieren Sie das Tempo. Stehen Sie dazu in der Mitte des Raumes und zeigen unterschiedlich schnell von LN 1 zu LN 2, LN 3 usw. Achten Sie darauf, dass hierbei der Spaß im Vordergrund steht. Je nach Kurs können Sie auch rückwärts zählen lassen.

2 Zeigen Sie den Zahlenwert mit den Fingern und sprechen Sie die Zahl gemeinsam. Wiederholen Sie zunächst in der richtigen Reihenfolge und wechseln Sie dann. Variieren Sie. Dann zeigt ein/e LN einen Zahlenwert, die anderen nennen die Zahl.

Die hier gezeigte Zählweise kann sich von der Zählweise der LN in Ihrem Kurs unterscheiden. Sprechen Sie, falls es möglich ist, darüber oder lassen Sie die LN ihre Zählweise präsentieren. Nennen Sie eine Zahl, die LN zeigen mit den Fingern.

3 LN schreiben in 1 und 2 mit Hilfe der Richtungspfeile und der gepunkteten Linien die Zahlen.

Bidi ↘
Station 1

LN können die Schreibbewegungen zunächst wieder in größeren Umrissen nachfahren. Kopieren Sie dazu die Zahlen aus der Kopiervorlage in verschiedenen Größen und zeichnen Sie die Richtungspfeile ein.

Erweiterung

Stellen Sie verschiedene farbige Stifte etc. und verschieden große leere Blätter / Flipchart-Bögen zur Verfügung, auf denen LN das Schreiben der Zahlen üben können. Lassen Sie LN schnell und langsam schreiben, untereinander, nebeneinander, durcheinander.

Gestalten Sie daraus kleine Kunstprojekte, z. B. Umrisse der Zahlen aus den Übungsblättern ausschneiden. Fertigen Sie dazu eine Zahlenschablone oder mehrere an. LN legen sie auf das Blatt, zeichnen die Umrisse nach und schneiden sie aus, o. Ä.

Bidi ↗
Schreiblinien

LN üben die Zahlen zusätzlich im Heft oder auf Blättern mit Schreiblinien. Achten Sie darauf, dass die Zahlen als solche zu erkennen sind und auf die Abstände zwischen den Zahlen.

offizeller Brief

4 Beginnen Sie zur Vorentlastung mit einer bekannten Adresse, z. B. der Adresse Ihrer Institution. Bringen Sie evtl. auch einen Brief mit, um die Adresse zu zeigen. Schreiben Sie sie an die Tafel und fragen Sie nach der Postleitzahl. Erklären Sie, falls notwendig, welche Funktion die Postleitzahl hat. LN nennen die Einerzahlen.

1_17

Lesen Sie gemeinsam mit den LN die Postleitzahlen in Aufgabe 4. Hören Sie dann den Track, zeigen Sie auf das Wort und sagen Sie „Berlin“. Stoppen Sie nach dem ersten Teil des Dialoges. LN zeigen auf die Zahl. Verfahren Sie mit dem zweiten Teil in gleicher Weise. Wiederholen Sie ggf. LN verbinden Wort und Postleitzahl.

Schreiben Sie reale oder fiktive Postleitzahlen an die Tafel. LN lesen die Zahlen reihum vor. *Erweiterung*

Üben Sie mit vorbereiteten Zetteln, möglichst DIN A6. Schreiben Sie (oder fortgeschrittenere LN) reale Postleitzahlen auf, je nach Kurs mit oder ohne Ort. Achten Sie darauf, dass die Zahlen groß genug geschrieben werden. Stellen Sie zwei identische Zahlen-Sets her. Bilden Sie zwei Gruppen. Legen Sie die Zettel auf die Tische. Nennen Sie eine Zahl, LN müssen den entsprechenden Zettel vom Tisch nehmen. Blanko-Karten, -Zettel

Paare finden: LN gehen im Raum umher, lesen ihre Postleitzahl laut vor und suchen den passenden Partner / die passende Partnerin.

5 Lesen Sie gemeinsam mit den LN die Telefon- und Handynummern im Buch. Fragen Sie, wer sowohl eine Handynummer als auch eine Festnetznummer hat. Bei Bedarf klären Sie die Bedeutung der Vorwahl bei den Festnetznummern.

Sie können zu diesem Zeitpunkt oder nach Aufgabe 7 die Aktualität der Telefonnummern der LN überprüfen bzw. die LN darauf hinweisen, eine Änderung immer sofort mitzuteilen. *Tipp*

Hören Sie dann die Zahlen. LN sprechen mit und schreiben, wenn möglich, die Ziffern direkt mit. 1_18

LN schreiben die Ziffern langsamer nach und benennen sie dabei. Bidi ↘

6 Demonstrieren Sie die Aufgabe, indem Sie die Telefonnummer Ihrer Institution zeigen. LN schreiben sie ins Heft. Zur Unterstützung kann ein/e LN die Nummer an der Tafel mitschreiben.

LN schreiben dann gegenseitig ihre Telefonnummern in die Hefte des Partners / der Partnerin. LN können diese Aufgabe mit weiteren Kurspartnern durchführen.

7 LN schreiben soweit vorhanden beide Nummern in ihr Buch. Gehen Sie umher und fragen Sie nach der Telefonnummer. LN lesen ihre Nummer vor.

LN können sich gegenseitig nach der Telefonnummer fragen.

Regen Sie an, die Nummer auswendig zu lernen. LN können das zu zweit üben.

8 Helfen Sie den LN, ihre Postleitzahl auf Briefen oder Ausweisdokumenten zu finden, ins Buch zu schreiben und sie zu benennen. LN können ebenfalls ihre Postleitzahl auswendig lernen.

9 LN schneiden die Zahlenkarten aus und üben die Zahlen. Station 1

LN 1 zeigt einen Zahlenwert mit den Fingern, LN 2 nennt die Zahl und zeigt auf die entsprechende Zahlenkarte. *Variante*

Anmeldung

1	**A a** **ah aa**	Frage, Zahl, Nachname, Staat	Ich habe eine Frage. Wie ist Ihr Nachname?
2	**R r**	Frau, Herr, Sprache, Russisch	Welche Sprache sprechen Sie? Ich spreche Arabisch.
3	**I i**	bitte, ich, Ring, ledig	Bist du verheiratet? Nein. Ich bin ledig.

Lernziele und Material

LN lernen, im Kontext einer Anmeldesituation Fragen zu verstehen sowie weitere Angaben zu ihrer Person zu machen: Nachname, Sprachen, Familienstand.

Bereiten Sie Folgendes vor: Poster 2, Porträtfotos / -masken, Buchstaben- und Graphemkarten, Lernwortschatzkarten, KV 1_4, 5, 6 und evtl. zusätzliche Sprachenkarten, Länder- und Flaggenkarten (KV 1_3), Gummiband oder ein anderes elastisches Band, evtl. verschiedene Formulare, Filz, Draht, Nadel, Faden

Anmeldung 1

LN lernen einen Chunk zur Gesprächseröffnung in Fragesituationen kennen, sowie nach ihrem Nachnamen zu fragen und auf die Frage zu antworten. Der Langvokal [a:] wird präsentiert; das Basisgraphem ist <A a> und die Orthographeme sind <ah> <aa>.

Poster 2

1 Suchen Sie immer nach bekanntem Wortschatz. Knüpfen Sie an bekannte Alltagssituationen an. Fragen Sie: „Wo ist das? Kennen Sie das? Welche Personen erkennen Sie auf den Fotos?"

A a ah, Gummiband

5 Präsentieren Sie den Laut. Hängen Sie die Graphemkarten <A a ah> an die Tafel, sprechen Sie dreimal den Langvokal. Verdeutlichen Sie mit einer entsprechenden Armbewegung die Länge des Lautes oder nutzen Sie dazu ein Gummiband.

aa

6 LN üben hier auch die seltenere Schreibweise <aa>, die aber in einem Lernwort vorkommt.

8 Sprechen Sie über den Namen in der Adresse. Fragen Sie: „Welcher Name kommt zuerst: Vor- oder Nachname?" Gehen Sie auf den Bedeutungsunterschied zwischen *Staat – Stadt* (Lernwort in Band 3) ein. Kontrastieren Sie Lang- und Kurzvokal.

1_23

9 Lösung: Frage, Nachname, Staat. Fragen Sie: „Wie ist der Nachname von Mustafa?" (Ahmed)

1_22

10 LN lernen ein neues Betonungsmuster kennen.

Nach na me

Erweiterung

Wählen Sie ein Lernwort und klopfen Sie den Wortakzent. LN raten das Lernwort, halten die Bildkarte hoch oder sagen das Wort laut.

13 Wiederholen Sie mit den LN Lösungsstrategien (Anzahl der Buchstaben, markierte Grapheme, auffällige Buchstaben, z. B. g, t)

1_23

16 Erinnern Sie an die Situation auf dem Einstiegsbild: „Was hat Mustafa, was hat der andere Mann gesagt?" Hören Sie den Track und sprechen Sie gemeinsam. Achten Sie auf die Betonung der Silben. Wiederholen Sie mehrfach.

Erweiterung

LN antworten auf die Frage des Beamten. *Mein Nachname ist …* und evtl. *Mein Vorname ist …*

Klopfen Sie die Silben der Lernwörter in den Chunks, einmal ohne dabei zu sprechen und dann parallel sprechen und klopfen. *Variante*

17–18 LN erstellen Silbenkarten und üben damit die Betonungsmuster bisheriger Lernwörter. 1_4

LN können weitere Wörter aus dem Lernwortschatz und den Chunks aus den vorherigen Lektionen zusammenstellen und eigene Spielkarten wie in der Kopiervorlage erstellen. Helfen Sie bei der Lösung. Bidi ↗

Dieses Spiel können Sie gemeinsam mit den LN nach weiteren Lektionen mit den neuen Lernwörtern spielen. Stellen Sie dazu wie im Beispiel eigene Spielkarten her und zeichnen für die Rückseite die entsprechenden Silbenformen. *Tipp*

20 LN ergänzen die Zielgrapheme und ein weiteres bekanntes Graphem <_e>.

21 LN ergänzen hier zusätzlich zu den Zielgraphemen <N n> und <_e>.

28 Bringen Sie Formulare mit. LN suchen und markieren Lernwörter. Sprechen Sie über Name vs. Vor-, Nach-, Familienname. Fragen Sie: „Was nennt man zuerst? Vor- oder Nachname?" Formulare

LN markieren *Name* und *Staat*. Bidi ↘

LN können evtl. schon eigene Angaben im Formular machen. Bidi ↗

Anmeldung 2

LN lernen, nach den Sprachen, die sie sprechen, zu fragen und zu antworten.
Der Laut [ʁ] (Reibe-R) bzw. [ʀ] (Zäpfchen-R) wird präsentiert. Zielgraphem ist <R r>.

1 Erinnern Sie an die Situation von *Anmeldung 1*. Wiederholen Sie den Wortschatz und die Chunks aus der Lektion. Spielen Sie Dialoge, die Sie erarbeitet haben. Überlegen Sie, worüber die Personen in dieser Lektion sprechen könnten. Poster 2

2 Sprechen Sie nach dem Ankreuzen über das Gehörte. Fragen Sie: „Was haben Sie verstanden? Welche Sprachen spricht Ali Nur?" 1_24

3 Wiederholen Sie die Chunks. 1_25

Fragen Sie nach den Sprachen der LN. Welche Sprachen sprechen sie? Wo spricht man überall Arabisch / Kurdisch / …? Welche Sprachen werden in dem Herkunftsland gesprochen? Erinnern Sie LN immer wieder an die korrekte Aussprache des Wortes „ich" mit einem breiten Lächeln.

5 Präsentieren Sie den Laut und das Graphem. Zeigen Sie beim Sprechen des [ʁ] zur Unterstützung mit dem Zeigefinger auf den Hals und gurgeln Sie. Nehmen Sie dabei den Kopf nach hinten, dann fällt die Zunge automatisch nach unten. Die Geste mit dem Finger beugt zudem der Verwechslung mit dem Zungenspitzenlaut [l] vor. ➔ Artikulationsfoto S. 126 <R r>

8 Klären Sie den Wortschatz. Wiederholen Sie.

Sprechen Sie die LN mit *Frau / Herr* und Nachnamen an. LN können eine Begrüßungsrunde spielen, in der sie sich mit Familiennamen begrüßen. 1_26

9 Lösung: Frau, Herr, Russisch 1_24

16 LN geben beim dritten Bild wieder eine eigene Antwort. Fragen Sie: „Welche Sprache sprechen Sie?" Falls LN aufgrund der Flaggen schon Antworten geben, wiederholen Sie gemeinsam die Antworten. Hören Sie dann den Track. LN sprechen nach und ergänzen die dritte Aussage. 1_28

17–18 LN erstellen Wort- / Bildkarten zu verschiedenen Sprachen und üben Antworten auf die Frage *Welche Sprache sprechen Sie?* 1_5

Erweiterung

LN befragen sich gegenseitig: „Woher kommen Sie? Welche Sprache sprechen Sie?" LN nehmen die jeweilige Länderkarte und Sprachenkarte und antworten: „Ich komme aus … / Ich spreche …"

Variante

LN nehmen die passenden Karten und wiederholen das Sich-Vorstellen: „Ich heiße … / Ich komme aus … / Ich spreche …" Wer will, ergänzt mit weiteren Informationen zu seiner Person.

LN können aus den Länderkarten (Flaggen und Ländernamen) sowie den Sprachenkarten ein Poster gestalten. Evtl. schreiben LN zusätzlich in ihrer Sprache / Schrift den Ländernamen, ihre Namen oder etwas, was ihnen wichtig ist. LN ordnen alles auf einem freien Blatt, einer Weltkarte oder einer Umrisskarte des entsprechenden Landes.

Erweiterung
Schreiblinien

19 Je nach Kurs können LN <n> <r> kontrastierend schreiben. LN nutzen dazu die KV_Schreiblinien oder schreiben ins Heft. Schreiben Sie ggf. ein Beispiel auf die KV oder ins Heft pro LN vor.

n

Demonstrieren Sie den Unterschied an der Tafel oder zerschneiden Sie <n> so, dass <r> entsteht.

24 LN verbinden zum ersten Mal Symbole mit den schriftlichen Arbeitsanweisungen. Zeigen Sie auf die Symbole. LN nennen die Anweisung und verbinden. Zur Unterstützung können LN die Symbole auf den Seiten der Lektion oder auf der Übersicht (S. 3) suchen und vergleichen.

Bidi ↘

25 LN können die Sprachenkarten der Alpha-Box oder die Wörter in Aufgabe 22 als Hilfe nutzen.

Bidi ↘

28 Weisen Sie auf die Groß- bzw. Kleinschreibung der Wörter hin. Zur Unterstützung können Sie *Herr / Frau* wie im Beispiel anschreiben.

LN können an Geschäften in ihrem Umfeld (z. B. Friseur, Schneiderei, …) die Wörter suchen und ggf. Fotos machen. LN 1 zeigt seine/ihre Fotos und der Kurs erliest die Wörter.

Anmeldung 3

LN lernen, nach dem Familienstand zu fragen und zu antworten. Der Kurzvokal [ɪ] wird präsentiert. Zielgraphem ist <I i>.

Poster 2
evtl. nur Wartebereich

1 Sie können hier nur das Situationsfoto im Wartebereich präsentieren und z. B. am Modulende noch einmal alle Situationen wiederholen. Fragen Sie: „Wo ist das? Kennen Sie das? Worüber könnten die Personen sprechen?"

1_30

3 LN lernen mit der Ja-/Nein-Frage eine neue Satzmelodie kennen. LN sprechen mit der entsprechenden Armbewegung nach oben nach.

I i

5 Präsentieren Sie den Laut und das Graphem. Achten Sie darauf, nur den Kurzvokal zu sprechen. Spielen Sie evtl. Funkwecker „i- i - ii - iii- …"

6 Achten Sie darauf, dass LN beim Kleinbuchstaben den i-Punkt isoliert schreiben.

1_29

9 Lösung: ich, Ring, ledig

14 Ggf. können Sie hier auf die Ähnlichkeit von <I> und <l> hinweisen.

16 LN geben beim dritten Bild wieder eine eigene Antwort. Fragen Sie: „Sind Sie verheiratet?" Fragen Sie reihum und ergänzen Sie ggf. andere Familienstände.

1_33

Hören Sie den Track. LN sprechen nach und ergänzen die dritte Aussage. Wiederholen Sie.

Erweiterung

LN fragen sich gegenseitig. Achten Sie darauf, dass LN die Frage nicht nur mit *ja* oder *nein* beantworten.

1_6

17–18 LN erstellen Filzbuchstaben und erfahren dabei haptisch die Form der Buchstaben. Bereiten Sie die Kopiervorlagen wie beschrieben vor. Helfen Sie bei Bedarf.

Besorgen Sie Filzstoff in unterschiedlichen Farben, sodass, wenn die Filzbuchstaben verschiedener LN im Spiel gemeinsam genutzt werden, jede/r hinterher wieder seine eigenen Buchstaben zurückbekommt. Verwenden Sie Draht, Nadel und Faden oder eine Sicherheitsnadel um den i-Punkt zu befestigen.

Filz, Draht, Nadel, Faden

Stellen Sie nach und nach Filzbuchstaben zu allen im Lehrwerk vorkommenden Buchstaben her und wiederholen Sie die Spiele dazu. In *Einkaufen und Essen 2,* ab S. 72 und in *Kinder und Familie 2,* ab S.112 werden Buchstabenkarten hergestellt. Entscheiden Sie, zu welchem Zeitpunkt Sie die restlichen Filzbuchstaben herstellen wollen.

Tipp

28 Fragen Sie, wo die Abbildungen auf den Fotos zu finden sind. LN können auf dem Nachhauseweg z. B. zählen, wie viele Ampeln sie mit diesem Hinweis finden.

Abschließend können LN die Aufgaben zum Modul im *Schreibtrainer* bearbeiten. ➔ S. 8–11

Station 2

Lernziel und Material

LN lernen, die Zahlen 11 bis 20 auf Deutsch zu benennen, zu schreiben und zu verstehen. Aufgabe 8 bietet kleine Additionsaufgaben, die Sie entsprechend erweitern oder vereinfachen können.

Bereiten Sie Folgendes vor: Zahlenkarten 0 bis 10 (KV_Station 1), 11 bis 20 (KV_Station 2), drei Würfel (pro Paar oder Gruppe), evtl. für Aufgabe 9 kleine Alltagsgegenstände wie Knöpfe, Büroklammern, Wäscheklammern, Stifte o. Ä. und Behältnisse zur Aufbewahrung

1 LN wiederholen die Zahlen 0 bis 10. Lassen Sie die LN reihum vorwärts und rückwärts zählen.

LN können mit ihren Zahlenkarten aus Station 1 die Zahlen in Reihenfolgen (auf- oder abwärts) legen oder die Spielvarianten aus Station 1 wiederholen. (vgl. KV_Hinweise)

Zahlenkarten 1–10

LN schreiben bzw. vervollständigen im Buch die Zahlen 0 bis 10.

LN können als Hilfe ihre ausgeschnittenen Zahlen (Spielvariante 3 – auf Filz oder Sandpapier geklebte Zahlen) nutzen. LN fahren mit dem Finger oder dem Bleistift die Form der Zahlen mehrmals nach und übertragen nach jeder Zahl den Bewegungsablauf ins Buch und ergänzen die Zahl.

Bidi ↘

2 Betrachten Sie mit den LN die Zahlen 11 bis 20 im Buch. Einige LN werden die Zahlen benennen können. Wiederholen Sie gemeinsam im Plenum und zeigen Sie bei den Zahlen 13 bis 19 die Sprechrichtung an.

Hören Sie den Track; LN sprechen nach. Wiederholen Sie mehrfach im Plenum. Gehen Sie dann zu jedem/r LN und lassen Sie die LN einzeln alle Zahlen sprechen.

1_34

Halten Sie in unterschiedlichen Reihenfolgen Ihre Zahlenkarten (11 bis 20) hoch, LN nennen gemeinsam die Zahl. In einem weiteren Durchgang benennt jede/r LN allein die gezeigte Zahl.

Erweiterung
Zahlenkarten 11–20

Zur Vorentlastung für das Verstehen der Lottozahlen in Aufgabe 3 legen Sie Ihre Zahlenkarten auf einen Tisch. Legen Sie sich ein doppeltes oder dreifaches Zahlenset an, um in Gruppen zu spielen. Nennen Sie in langsamerem Tempo sechs Zahlen. LN legen diese an die Seite. Variieren Sie das Tempo. Lassen Sie in den Gruppen unterschiedliche LN die Zahlen ansagen.

Tipp

3 Sprechen Sie gemeinsam mit den LN die Zahlen. Hören Sie dann den Track. Je nach Kurs zeigen LN zunächst nur auf die gehörten Zahlen und kreuzen erst nach mehrmaligem Hören an, ggf. nach und nach. Lösung: 11, 13, 15, 16, 18, 20, Zusatzzahl 17

1_35

Bidi ↘ LN legen die Zahlen aus den Zahlenkarten, die Sie ihnen zur Verfügung stellen, in die gleiche Reihenfolge wie im Buch und legen beim Hören die entsprechenden Zahlen an die Seite. Anschließend können LN die Zahlen im Buch ankreuzen.

4 LN schreiben die Zahlen in Aufgabe 2 mehrfach mit dem Stift nach.

Bidi ↘ LN können die Schreibbewegungen zuerst mit dem Finger im Buch nachfahren.

Bidi ↗ LN schreiben die Zahlen ins Heft oder auf Arbeitsblätter mit unterschiedlichen Schreiblinien.

5 LN hören hier wie in einer Additionsaufgabe die Zahlen 11, 12, 16, 17 („Eins und zehn sind … elf." usw.). Hierdurch wird die nicht „regelmäßige" Sprechweise dieser vier Zahlen bewusst gemacht.

1_36 Hören Sie mehrfach und lenken Sie die Aufmerksamkeit auf die Sprechweise der Zahlen.

Wiederholen Sie die Additionsaufgaben, lassen Sie aber nach „sind" die LN die Zahl nennen und achten Sie bei 16 und 17 auf die korrekte Sprechweise.

6 LN vertiefen die Schreib- und Sprechweise der Zahlen 11, 12, 16, 17.

Bidi ↘ Geben Sie den LN eine zusätzliche Möglichkeit, das Schreiben der Zahlen bis 20 zu üben: zusätzliche Arbeitsblätter, Abstandhalter für den Raum zwischen den zweistelligen Zahlen, evtl. große Blätter und verschiedene Stifte.

7 LN ergänzen die unvollständigen Zahlen. Helfen Sie ggf. beim Schreiben.

Bidi ↘ Bei schwächeren LN zeigen Sie auf die 10 und das immer gleiche Wort bei den folgenden Zahlen. Lassen Sie die Anzahl der Augen auf den Würfeln nennen und ergänzen das Wort „zehn". Falls LN bei den Würfeln zu den Zahlen 18 und 19 die Anzahl nicht erfassen können, können sie diese abzählen. Sprechen Sie noch einmal gemeinsam die Zahlen und helfen Sie beim Schreiben.

3 Würfel 8 Additionsaufgabe: LN spielen zu zweit oder dritt. LN 1 würfelt mit allen drei Würfeln, LN 2 addiert die Anzahl der Augen und (LN 3) schreibt sie ins Heft. Evtl. können LN gemeinsam die Summe ausrechnen.

Variante Je nach Kurs können Sie die Additionsaufgaben auch nur mit zwei Würfeln machen oder LN die Anzahl der Augen abzählen lassen.

Station 2 9 LN erstellen Zahlenkarten zu den Zahlen 11 bis 20 und üben damit die Zahlen.

Im Deutschkurs

1	**_ie** **ih i**	spielen, markieren, lieben, wir	Was macht ihr? Wir spielen ein Spiel.
2	**S s**	Pause, Seite, sehen, lesen	Kannst du das sehen? Ich kann das nicht lesen.
3	**_s** **ß ss**	Bus, Haus, Adresse, Straße	Wie heißt das auf Deutsch? Das weiß ich nicht.

Lernziele und Material

LN lernen, Aktivitäten und wichtige Fragen und Antworten im Kursgeschehen zu benennen.

Bereiten Sie Folgendes vor: Poster 3, Graphem- und Buchstabenkarten, Lernwortschatzkarten, KV 1_7, 8, 9, KV_Schreiblinien

Im Deutschkurs 1

LN lernen, auf die Frage *Was macht ihr?* zu antworten. Der Langvokal [i:] wird präsentiert, ebenso das dazugehörige Basisgraphem <ie> sowie die Orthographeme <ih> und <i>.

1 Sprechen Sie mit den LN über das Szenario. Fragen Sie: „Was machen die LN?" — Poster 3

5 Präsentieren Sie den Langvokal [i:]. Lächeln Sie ganz breit, halten Sie Ihre Zeigefinger an den Mundenden und sprechen Sie „Iiiii…" ➔ Artikulationsfoto S. 126

6 Zeigen Sie die drei Schreibweisen. Achten Sie auch hier darauf, dass LN den i-Punkt isoliert schreiben. — ie, ih, i

7 LN markieren drei Schreibungen des Langvokals. Lassen Sie die Grapheme in der Anweisung und in der Buchstabenfolge in drei verschiedenen Farben markieren.

9 Lösung: spielen, lieben, wir — 1_37

16 Erinnern Sie an die Einstiegssituation: „Was fragt Mustafa? Was antworten Abbas und Sibel? Was antwortet Abbas?" Machen Sie LN auf die Formen im Plural bzw. Singular aufmerksam.

Hören Sie den Track. LN sprechen nach. — 1_41

Spielen Sie weitere Situationen mit den Aktivitäten *markieren* und *schreiben*. Fragen Sie: „Was macht ihr?", und machen Sie eine entsprechende Geste. LN antworten. Fragen Sie nur eine Person: „Was machst du?" Ein/e LN beantwortet die Frage. — *Erweiterung*

17–18 LN erstellen Verb- und Pronomenkarten und üben die Konjugation erster regelmäßiger Verben für *ich*, *du*, *wir* und *ihr*. — 1_7

LN können zu den Fragen kleine Sätze ins Heft schreiben. — Bidi ↗

24 Die Arbeitsanweisungen werden hier zum letzten Mal thematisiert. LN betrachten alle Symbole der Lektion und wiederholen. Machen Sie ggf. eine kleine Statistik. Malen Sie dazu die Symbole an. LN zählen, wie oft sie in der Lektion vorkommen. In den Aufgaben 17/18 zu *Im Deutschkurs 2* werden die Anweisungen noch einmal alle wiederholt und geübt.

28 Fragen Sie: „Was bedeutet das Herz?" Evtl. suchen LN dazu in der Umgebung weitere Beispiele.

Im Deutschkurs 2

LN lernen wichtige Chunks für den Unterricht (*Ich kann das nicht … / Kannst du das … ?*) Der Laut [z] wird präsentiert. Zielgraphem ist <S s>.

Poster 3 — 1 Wiederholen Sie Wortschatz und Chunks der vorherigen Lektion.

1_42 — 2 Fragen Sie: „Was denken Sie? Worüber sprechen Nada und Amira?"

1_43 — 3 Zur Semantisierung der Chunks können Sie entweder ohne Brille versuchen, etwas zu erlesen, oder Sie fixieren einen weit entfernten Schriftzug und sprechen dann die Chunks.

S s — 5 Legen Sie die Hand an den Hals bzw. Kehlkopf und sprechen / singen Sie [z]. So können LN eine Vibration wahrnehmen. Zusätzlich können Sie auch eine Schlangengeste mit dem Finger in die Luft zeichnen. Präsentieren Sie dann das Graphem. Zum ersten Mal unterscheidet sich ein Graphem nur durch die Raum-Lage-Position. Schreiben Sie mehrere Buchstaben ungeordnet an. Fragen Sie: „Wo ist der Groß-, wo der Kleinbuchstabe?" Schreiben Sie dann die Grapheme in Schreiblinien und auf einer Grundlinie positioniert an.

1_42 — 9 Lösung: Seite, sehen, lesen

16 Sprechen Sie über die Fotos. Fragen Sie, worum es gehen könnte. Evtl. demonstrieren Sie andere Situationen, um das Etwas-nicht-machen-Können zu verdeutlichen, z. B. zeigen Sie auf Ihr Ohr, machen eine fragende Geste, schütteln den Kopf und sagen: „Ich kann das nicht hören." LN markieren *Ich kann das nicht* in allen drei Chunks.

1_46 — Hören Sie den Track. LN sprechen nach.

Erweiterung — Nehmen Sie weitere Aktivitäten hinzu. LN 1 sagt z. B. „Ich kann das nicht schreiben." LN 2 antwortet entweder mit „Ich kann das auch nicht schreiben." oder mit „Ich kann das schreiben."

1_8 — 17–18 LN erstellen Bild- und Satzkarten und üben die Arbeitsanweisungen in *Hier! Alpha*. Zur Erleichterung können zuerst Bild- und Wortkarten offen zugeordnet und jeweils benannt werden.

Tipp — Sie können das Kartenset um die Karten mit den Symbolen für die Arbeitsanweisungen erweitern und einen Durchgang mit Symbolen und Sätzen spielen lassen.

Bidi ↘ — Sollte die normale Variante des Memory-Spiels für einige LN zu schwierig sein, bietet sich das Klatsch-Memory an ➔ Hinweis, S. 29

Erweiterung — Ein Kartenstapel (je nach LN Wort- oder Bildkarten) liegt verdeckt auf dem Tisch, der andere Kartensatz offen. LN 1 nimmt aus seinem verdeckten Kartenstapel eine Karte und macht eine entsprechende Geste. LN 2 sucht die passende Karte in seinem offen liegenden Kartensatz und benennt die Arbeitsanweisung. Zur Kontrolle zeigt LN 1 seine Karte.

1_47 — 24 Ab dieser Lektion finden Sie hier Übungen zum aufbauenden Lesen. Entscheidend für die Lautierung ist die Aussprache des ganzen Wortes. So wird <les> nicht mit stimmlosem [s] gesprochen, sondern wie im Wort mit stimmhaftem [z]. Beachten Sie auch die Aussprache des Schwa-Lautes.

Im Deutschkurs 3

LN lernen, Wortschatz auf Deutsch zu erfragen sowie den Chunk *Das weiß ich nicht*. Der Laut [s] wird präsentiert sowie das Basisgraphem <s> und die Orthographeme <ß> und <ss>.

Poster 3 — 1 Wiederholen Sie die Chunks aus den vorherigen Lektionen. LN spielen kleine Dialoge. Fragen Sie nach der Situation an der Tafel: „Worüber sprechen Anna Nagel und Ali Nur?"

5 Präsentieren Sie die drei Graphemkarten und sprechen Sie den Laut. Wiederholen Sie den Chunk *Das weiß ich nicht.* und sprechen dabei den Laut in beiden Wörtern deutlich. Legen Sie wieder die Hand an den Hals bzw. Kehlkopf: man merkt nichts. _s ß ss

9 Lösung: Haus, Straße 1_48

16 Erinnern Sie an die Einstiegssituation: „Was fragt Ali? Was antwortet Anna?"

Hören Sie dann den Track. Die Erarbeitung der Artikel folgt in der Alpha-Box. 1_52

17–18 LN stellen Nomen-Artikel-Karten her und lernen den bestimmten Artikel. 1_9

LN basteln weitere Karten zu den bisherigen Lernwörtern.
Online finden Sie Kopiervorlagen (Nomen-Artikel-Puzzle) zu allen Lernwörtern von Band 1, sortiert nach Artikeln (angegeben sind unbestimmter und bestimmter Artikel). *Erweiterung* Nomen-Artikel-Puzzle

27 LN ergänzen den Chunk in dieser Lektion nicht frei, sondern wiederholen drei der Lernwörter.

28 LN können auf dem Nachhauseweg Fotos von Straßenschildern machen. Wer findet am häufigsten das Wort *Straße*?

Abschließend können LN die Aufgaben zum Modul im *Schreibtrainer* bearbeiten. → S. 12–15

Station 3

Lernziel und Material

In dieser Station wird die Sprechweise der Zahlen im Zahlenraum bis 100 präsentiert und geübt.

Bereiten Sie Folgendes vor: Zahlenkarten 0 bis 20 und 21 bis 30, Zahlenkarten der Zehnerzahlen 30, 40, ..., 100, Einerzahlen 1 bis 9, (KV_Station 1, 2, 3), Porträtkarten der Protagonisten mit Altersangabe (siehe S. 64 / 3), evtl. Zollstock oder Zentimetermaß, Lineal

1 Wiederholen Sie die in Station 1 und 2 gelernten Zahlen 0 bis 20. Nutzen Sie dazu die Vorschläge aus den Hinweisen zu den Kopiervorlagen Station 1 und 2. Zahlenkarten 0–20

Lassen Sie LN reihum vorwärts und rückwärts zählen, langsam und schnell, ggf. in 2er-Schritten. *Erweiterung*

LN können auch Gegenstände im Raum zählen: Wie viele Tische, Fenster, ... gibt es? Wie viele Frauen, Männer sind im Kurs? Wie viele Stifte hat jede/r LN in seinem Etui?

Arbeiten Sie dann mit dem Buch. Lesen Sie oder LN die Zahlenreihe vor. Fragen Sie: „Welche Zahl fehlt?" Zeigen Sie auf die fehlende Zahl. LN lösen die folgenden Zahlenreihen selbstständig.

LN legen ihre Zahlenkarten mit Hilfe von Station 2 (S. 44) in die richtige Reihenfolge und vergleichen dann in der Aufgabe. Bidi ↘

LN können im Heft oder an der Tafel eigene Reihen für ihre Lernpartner machen. Bidi ↗

Wiederholen Sie zum Abschluss der Aufgabe die Zahlenreihe und deuten Sie mit einer Handbewegung an, dass LN die Reihe fortsetzen sollen. Meistens gibt es LN, die die Zahlen kennen. Lassen Sie einige Zahlen nennen und verweisen dann auf die Aufgabe 2.

2 LN sehen auf die Zahlen, hören sie und sprechen sie nach. Zeigen Sie dabei auf die Zahlen im Buch. Wiederholen Sie. Hören Sie erneut oder lassen Sie die LN die Zahlen reihum sprechen. 1_55

Schreiben Sie die Zahlen 30 und 31 an die Tafel und bitten Sie die LN, die Zahlenreihe im Plenum fortzusetzen. Alle sprechen gemeinsam.

Schreiben Sie dann die Zahlen 33 bis 39 an die Tafel und sprechen Sie gemeinsam mit den LN die Zahlen. Zeigen Sie dabei auf die Sprechrichtung.
Zeichnen Sie, wie im Beispiel im Buch, zwei sich überkreuzende Pfeile unter eine Zahl (ohne das Zahlwort), zeigen und sprechen Sie. Verfahren Sie ebenso mit den anderen Zahlenreihen.

Erweiterung Sie können einen Zahlenblock aller Zahlen in Zehnerreihen an die Tafel schreiben und gemeinsam die Zahlen sprechen.

Lassen Sie die LN reihum zählen. Erst langsam, dann schneller und dann sehr schnell.

3 Wiederholen Sie die Namen der Protagonisten (v. l. n. r. Anna, Amira, Sibel, Mustafa, Ali). Lassen Sie die LN vermuten, worum es in der Aufgabe geht.

1_55 Hören Sie den Track und sprechen Sie über die Situation: War die Vermutung richtig? Hören Sie ein zweites Mal. LN konzentrieren sich darauf, welche Personen samt Alter genannt werden, und markieren die Zahlen. Lösung: Anna, Amira, Ali

Erweiterung
Porträtkarten oder -masken

Klassenspaziergang: LN üben mit den Porträtkarten oder -masken Frage und Antwort: *Wie alt bist du? / Ich bin …* Erweitern Sie um Nada und Abbas. Fragen Sie: „Was denken Sie? Wie alt ist Nada, wie alt ist Abbas?" Schreiben Sie oder LN das Alter auf die Rückseite. LN fragen sich gegenseitig, z. B. „Sibel, wie alt bist du?" usw.

Erweiterung 4 LN schreiben die Zahlen zusätzlich ins Heft. Weisen Sie auf die Abstände zwischen den zweistelligen Zahlen hin. Zur Unterstützung nutzen LN einen Abstandhalter oder einen Stift.

1_56 5 Hören Sie mit den LN die Sprechweise der zweistelligen Zahlen. LN sprechen und ergänzen.

Erarbeiten Sie weitere ähnliche Reihen mit den LN, z. B. 22, 32, 42, …

6 Schreiben Sie den Beispielsatz *Welche Sprachen sprechen Sie?* an die Tafel und demonstrieren Sie die Aufgabe. Zählen Sie gemeinsam mit den LN die einzelnen Buchstaben laut.

LN lösen den Rest der Aufgabe selbstständig und nennen die Lösungszahl. Lösung: 52, 24
Freiwillige LN können die Lösungen laut zählend präsentieren.

Erweiterung Schreiben Sie einen der bislang gelernten Chunks an die Tafel. LN schätzen die Anzahl der Buchstaben. Ein/e LN zählt dann laut. Sie können daraus auch ein „Gewinnspiel" machen. LN, der/die am nächsten an der richtigen Zahl ist, bekommt ein Bonbon o. Ä. Dazu schreibt jede/r seine geschätzte Zahl auf einen kleinen Zettel oder ins Heft.

Zollstock/Messband

7 Schreiben Sie Ihre Größe an die Tafel oder lassen Sie die LN raten, wie groß Sie sind. Fragen Sie die LN nach ihrer Größe. Evtl. können LN in ihren Ausweisdokumenten nachsehen oder sich gegenseitig mit Zollstock oder Messband messen. Befestigen Sie einen Flipchart-Bogen an der Wand. LN können ihre Größe auf dem Papier markieren und ihren Namen dazuschreiben.

8 Entscheiden Sie je nach Kurs und eigenem Empfinden, ob Sie Ihr eigenes Alter nennen und ebenso, ob Sie die LN über ihr Alter sprechen lassen. Falls das nicht gewollt ist, nehmen Sie eine/n der Protagonisten als Beispiel. Gehen Sie dann einzeln zu den LN, um das jeweilige Alter zu notieren.

Station 3 9 LN stellen Zahlenkarten her und spielen eine oder mehrere Spielvarianten.

Variante Lassen Sie die LN nur mit den Einerzahlen und der Null spielen. Jede/r LN nimmt eine Ziffer, sucht im Raum ein/e Partner/in und nennt dann die Zahl, bei der seine Ziffer vorne steht. Unterstützen Sie nach Bedarf. Jede/r LN sollte drei bis vier verschiedene zweistellige Zahlen benannt haben.

Bidi ↗ Je nach Kurs können Fortgeschrittene evtl. schon dreistellige Zahlen benennen. Korrigieren Sie ggf. und lassen Sie die LN in Kleingruppen die Hunderter-Zahlen üben.

Einkaufen und Essen

1	**E e** **Ä ä**	Äpfel, essen, schmecken, Erbsen	Entschuldigung, ich hätte gerne Äpfel. Haben Sie auch Erbsen?
2	**E e** **eh ee**	Kaffee, Tee, Paket, nehmen	Was nehmen wir? Ich nehme einen Tee.
3	**Ä ä** **äh**	Mädchen, Käse, zählen, Gummibärchen	Wer ist die Nächste, bitte? Ich hätte gerne Käse.

Lernziele und Material

LN lernen verschiedene kleine Dialoge in Einkaufssituationen auf dem Markt kennen.

Bereiten Sie Folgendes vor: Poster 4, Graphem- und Buchstabenkarten, Lernwortschatzkarten, KV 1_7, 8, 9, Blanko-Silbenkarten, Einkaufsprospekte, große Papierbögen, evtl. Gummibärchen, Gummiband

---

Einkaufen und Essen 1

LN lernen Chunks für einen Einkaufsdialog. Der Kurzvokal [ɛ] wird präsentiert. Zielgrapheme sind das Basisgraphem <E e> und das Orthographem <Ä ä>.

1 Sprechen Sie über die drei Situationsbilder. Fragen Sie: „Was ist überall gleich? Was ist verschieden? Wo ist das? Was machen Mustafa und die anderen? Was kaufen sie?" — Poster 4

5 Präsentieren Sie den Laut und die Grapheme. Zur Unterstützung können Sie den kurzen i-Vokal sprechen. Vergrößern Sie dann die Mundöffnung und sprechen [ɛ]. — E e Ä ä

5–6 LN bearbeiten erst die Grapheme <E e> in beiden Aufgaben und danach <Ä ä>.

8 Um den Unterschied zwischen essen und schmecken zu verdeutlichen, können Sie ein genießendes *Mmmh, das schmeckt gut.* sagen.

9 Lösung: Äpfel, schmecken, Erbsen — 2_1

16 Erinnern Sie an die Einstiegssituation: „Was möchte Mustafa? Was sagt er?" — 2_5
Hören Sie den Track. LN sprechen nach und ergänzen die dritte Aussage frei. Wiederholen Sie.

Zeichnen Sie mit den LN Silbenbögen in die Sprechblasen zu Äp fel, Erb sen und ein ergänztes Wort. Sprechen Sie die Chunks und klopfen Sie die Betonungsmuster dazu.

Was ist gleich? Markieren Sie in den Sprechblasen *Ich hätte gerne.* — Bidi ↘

Machen Sie eine Kettenübung. Beginnen Sie mit: „Ich hätte gerne Äpfel. Ich hätte gerne Erbsen. Ich hätte gerne Birnen." LN 1 wiederholt alle drei Sätze und ergänzt einen weiteren Satz. LN 2 wiederholt die vier Sätze und ergänzt, usw. — *Erweiterung*

17 LN stellen Silbenkarten der folgenden Wörter her: *Nüsse, Birnen, Kartoffeln, Bananen* (dazu gibt es Bildkarten), *Erbsen, Äpfel, hätte, schmecken, essen, kaufen, haben.* — 1_10

18 Stellen Sie Silbenkarten für weitere Lebensmittel her. LN suchen aus Prospekten für sie wichtigen Wortschatz heraus. Sortieren Sie alle Wörter nach ihrem Silbenmuster. — *Erweiterung* Blanko-Silbenkarten

28 LN suchen in den Prospekten die Lernwörter *Äpfel* und *Erbsen* und gestalten damit Plakate. Zeichnen Sie oder LN große Umrisse eines Apfels und einer Dose oder Schote. LN kleben die ausgeschnittenen Lernwörter hinein. — Einkaufsprospekte, Papierbogen

Einkaufen und Essen 2

LN lernen, im Bestellvorgang die Chunks *Was nehmen wir?* und *Ich nehme …* zu verwenden. Der Langvokal [e:] wird präsentiert. Das Basisgraphem ist <E e>, Orthographeme sind <eh> und <ee>.

Poster 4

1 Wiederholen Sie die Chunks aus der vorherigen Lektion. Fragen Sie dann: „Was kaufen Sibel und Ikram? Was kaufen Amira und Abbas?"

E e eh ee, Gummiband

5 Präsentieren Sie den Laut und die Grapheme. Sprechen Sie den Langvokal und zeigen Sie die Länge mit einem Gummiband parallel dazu. Zur Anbahnung sprechen Sie das lange [i:] und vergrößern dann leicht die Mundöffnung zum langen [e:]. Hinweis: Die Mundöffnung vergrößert sich in dieser Laut-Reihenfolge: [i:]-[e:]-[ɛ:]-[a:].

2_7

9 Lösung: Kaffee, Tee, nehmen

2_10

10 LN lernen ein weiteres Betonungsmuster kennen.

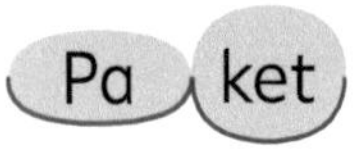

Klopfen Sie die Betonungsmuster durcheinander. LN erraten das Lernwort.

Bidi ↗

15 Machen Sie ein Rhythmusspiel zur Wortschatzwiederholung / -erweiterung.

Schreiben Sie an die Tafel:

Sprechen Sie *Tee* oder *Kaffee*? Klopfen Sie bei *Tee* und *Kaffee* den Rhythmus. Wiederholen Sie den Satz mehrmals und beenden Sie den Rhythmus mit *Mmh, das schmeckt gut!* Verwenden Sie auch die Bildkarten für das Tafelbild. Erweitern Sie evtl. z. B. *Milch oder Zucker? Keks oder Kuchen?*

16 Erinnern Sie an die Einstiegssituation: „Was nimmt Abbas, was Sibel?"

2_11

Hören Sie dann den Track. LN sprechen nach.

1_11 Buchstabenkarten

17–18 LN schneiden Groß- und Kleinbuchstaben zu S s, E e, Ä ä aus sowie zu N n, A a, R r, I i. Sie können zusätzlich auch die Filzbuchstaben zu S s, E e, Ä ä herstellen lassen.

Einkaufen und Essen 3

LN lernen, im Bestellvorgang den Chunk *Ich hätte gerne …* anzuwenden. Der Langvokal [ɛ:] wird präsentiert; Basisgraphem ist <Ä ä>, Orthographem <äh>.

Poster 4

1 Sprechen Sie über die Situation am Käsestand. Was könnte die Verkäuferin fragen?

Ä ä, Gummiband

15 Zur Lautanbahnung wiederholen Sie [e:], vergrößern Sie die Mundöffnung zu [ɛ:]. Verweisen Sie mit einem Gummiband auf die Länge, ziehen Sie es beim Sprechen auseinander. Zeigen Sie dann die Grapheme und weisen Sie besonders auf die doppelten Pünktchen hin.

Gummibärchen

8 Verteilen Sie Gummibärchen. LN zählen.

9 Lösung: Mädchen, Käse, Gummibärchen

Bidi ↗

10 LN klopfen das ganze Wort Gum-mi-bär-chen.

2_17

16 Erinnern Sie an die Einstiegssituation: „Was fragt die Verkäuferin? Was antworten Sibel und Ikram?" Hören Sie den Track. LN sprechen nach. Spielen Sie kleine Dialoge. Achten Sie darauf, dass LN nur Wörter im Plural bzw. ohne Artikel nutzen.

Erweitern und individualisieren Sie den Chunk. Bringen Sie Supermarktprospekte mit. LN schneiden ein Bild aus und kleben es zum Chunk *Ich hätte gerne …* Klären Sie neue Wörter.

LN markieren *Ich hätte gerne* in den Chunks. Sie sehen so, was gleich ist. Bidi ↘

17–18 LN bereiten weitere Artikel-Nomen-Karten vor, ergänzt um Pluralkarten. 1_12

LN sammeln weiteren thematisch wichtigen Wortschatz zu den Oberbegriffen Getränke und Essen. LN sortieren die Wörter nach weiteren Oberbegriffen wie Obst / Gemüse / … *Erweiterung*

Abschließend können LN die Aufgaben zum Modul im *Schreibtrainer* bearbeiten. ➔ S. 16–19

Station 4

Lernziel und Material

LN lernen und üben, zwischen den Lang- und Kurzvokalen *e* und *i* zu differenzieren.

Bereiten Sie Folgendes vor: KV_Station 4, Silbenkarten, Gummiband

1 Betrachten Sie mit den LN die Fotos und Abbildungen und erinnern Sie die LN an kurze bzw. lange Vokale. Demonstrieren Sie mit dem Band oder einer entsprechenden Geste. Gummiband

LN hören den Track und sprechen nach. Unterstützen Sie mit Band oder Geste. 2_19

2 LN hören und demonstrieren zunächst nur mit einer entsprechenden Armbewegung die Länge der Vokale. Bei Unsicherheiten hören Sie mehrfach. 2_20

Beim nächsten Durchgang kreuzen LN die Länge der Vokale an. Evtl. stoppen Sie nach dem ersten Wort. LN zeigen die entsprechende Armbewegung und kreuzen an, usw.

3 LN hören im ersten Teil Wörter mit dem Langvokal [e:] und im zweiten mit dem Kurzvokal [ɪ]. LN kreuzen entsprechend an und schreiben den passenden Vokal in die Wörter. 2_21

4 LN hören die Wörter aus Aufgabe 3 noch einmal und sprechen mit. Hören Sie ggf. mehrfach. Achten Sie auf die korrekte Aussprache der Vokale. Korrigieren Sie die Aussprache, indem Sie die Länge mit dem Gummiband anzeigen und fordern LN auf, es noch einmal zu versuchen. 2_21

5 LN vervollständigen in den bekannten Wörtern aus Aufgabe 3 die Grapheme. Alle Wörter stammen aus dem Lernwortschatz und den Chunks der bislang bearbeiteten Module.

6 Den Aufgabentyp kennen LN aus Aufgabe 20 einer jeden Lektion. Evtl. kann jemand die Sätze schon ohne die fehlenden Buchstaben vorlesen. Helfen Sie ggf. beim Ergänzen der Buchstaben. Präsentieren Sie die Blanko-Boxen für die Grapheme an der Tafel und LN ordnen die passenden Grapheme zu. Weisen Sie auf den i-Punkt als Hilfe hin.

LN können zunächst nur die Wörter aus Aufgabe 2 ergänzen. Markieren Sie für diese LN die Wörter *wir, lieben, bitte, ich, essen, schmecken* in Aufgabe 2 und ggf. auch in Aufgabe 6. LN können zur Unterstützung auch die Lernwörter und Chunks nutzen. Bei Bedarf können Sie auch zuerst den Track aus Aufgabe 7 hören, um das Ergänzen zu erleichtern. Bidi ↘

7 LN hören Satz für Satz und sprechen jeweils nach. Hören und sprechen Sie mehrfach. 2_22

8 LN basteln und spielen ein Silbenspiel zu Wörtern mit kurzem und langem *i* bzw. *e*. Station 4

Wenn die Wörter bekannt sind, können LN mit den Silbenkarten Memory spielen. Es muss immer eine große und eine kleine Karte aufgedeckt werden. *Erweiterung*

Beim Arzt

1	L l	Halsweh, Erkältung, Allergie, Löffel	Mir geht es schlecht. Ich habe Halsweh.
2	U u	Nummer, Schnupfen, Unterschrift, Kurs	Ich kann nicht zum Kurs. Ich brauche eine Krankmeldung.
3	U u Uh uh	Fuß, Husten, Ruhe, Uhr	Mein Fuß tut weh. Wo tut es weh?

Lernziele und Material

LN lernen, relevante Chunks und Wortschatz für den Arztbesuch kennen. Sie lernen, verschiedene Krankheiten zu benennen.

Bereiten Sie Folgendes vor: Poster 5, Graphemkarten, Lernwortschatzkarten, KV 1_13, 14, 15, evtl. Karten mit Smileys in Kursstärke, Buchstabenfahne für <u>, Gummiband, Entschuldigungsformular

---

Beim Arzt 1

LN lernen, nach dem Befinden zu fragen und zu sagen, wie es ihnen geht. Sie lernen einige Krankheiten zu benennen. Der Laut [l] wird präsentiert. Zielgrapheme sind <L l>.

Poster 5 — 1 Sprechen Sie über die drei Situationen und sammeln Sie bekannten Wortschatz. Fragen Sie: „Was glauben Sie: Warum sind die Personen beim Arzt?“

2_24 — 3 Sprechen Sie eine emotionale Variante und fassen Sie sich dabei an den Hals. LN wiederholen.

L l — 5 Machen Sie den Laut vor. Zeigen Sie, dass bei [l] die Zungenspitze die oberen Vorderzähne berührt. → Artikulationsfoto S. 127. Präsentieren Sie das Graphem und weisen Sie darauf hin, dass Groß- und Kleinbuchstabe hier die gleiche Größe haben. Zeigen Sie auch die Ähnlichkeit zwischen dem Kleinbuchstaben <l> und dem Großbuchstaben <I>.

Schreiblinien — 6 Je nach Kurs können LN an dieser Stelle auf der Kopiervorlage kontrastierende Schreibübungen zu <L l> und <I i> machen.

2_23 — 9 Lösung: Halsweh, Erkältung, Allergie

2_26 — 10 LN lernen hier ein weiteres Betonungsmuster kennen.

Al ler gie

Klopfen Sie die Betonungsmuster durcheinander. LN erraten das Lernwort.

Bidi ↗ — Erschweren Sie das Spiel: Klopfen Sie nur die dreisilbigen Wörter. Klopfen Sie zwischendurch das bereits bekannte betont / unbetont / unbetont – für z.B. *Nachname*. LN erkennen, dass es nicht passt, und sollen ein passendes Wort nennen.

16 Sprechen Sie über die Abbildungen. Welche Situationen sind das? Wie geht es den Personen?

2_27 — Hören Sie den Track. LN sprechen nach. Fragen Sie die LN reihum nach ihrem Befinden.

1_13 — 17–18 LN üben, unterschiedliche Antworten auf die Frage nach dem Befinden zu geben.

Variante — Statt der Formulierung *Wie geht es dir?* üben die LN *Wie geht es Ihnen?*

Verteilen Sie an jede/n LN eine Smiley-Karte. LN gehen im Kursraum umher und befragen sich gegenseitig: „Wie geht es dir?“ LN antworten entsprechend und ergänzen ggf. noch weitere kleine Sätze, z. B. „Mir geht es nicht gut. Ich habe Halsweh.“ „Sehr gut. Die Sonne scheint.“

Erweiterung
Smiley-Karten

19 Je nach Kurs können LN an dieser Stelle kontrastierende Schreibbungen zu <L l> und <I i> machen. LN nutzen dazu die KV_Schreiblinien oder schreiben ins Heft.

Erweiterung

Beim Arzt 2

LN lernen, um eine Krankschreibung zu bitten und die Bitte zu begründen. Der Kurzvokal [ʊ] wird präsentiert; Basisgraphem ist <U u>.

1 Nutzen Sie evtl. nur das Situationsfoto an der Anmeldung. Fragen Sie: „Was fragt die medizinische Fachangestellte? Was fragt die Patientin?“

Poster 5

5 Präsentieren Sie den Laut. Spielen Sie überrascht und sagen Sie „Huch!“ Spitzen Sie die Lippen und sprechen Sie den Kurzvokal [ʊ]. Zeigen Sie dann das Graphem.

U u

Zeigen Sie eine Buchstabenfahne für <n>. Stellen Sie die Fahne auf den Kopf für <u>.

Tipp
Buchstabenfahne

9 Lösung: Schnupfen, Kurs

2_29

16 Sprechen Sie über die Abbildungen. „Welche Krankheiten sehen Sie?“

LN hören und sprechen nach. Zeichnen Sie zur Unterstützung die Silbenbögen zu *Al-ler-gie*, *Hals-weh* und *Schnup-fen*.

2_33

Spielen Sie Pantomime. LN raten die Krankheit.

Erweiterung

Wiederholen Sie: „Wie geht es Ihnen? / Wie geht es dir?“ LN antworten, z. B.: „Nicht gut. Ich habe eine Allergie.“ Spielen Sie kleine Dialoge.

17–18 LN erstellen Silben- und Wortkarten und spielen wie beschrieben.

1_14

Hängen Sie die vier verschiedenen Betonungsmuster (min. Din-A4 Größe, blanko) im Raum auf, möglichst weit voneinander entfernt. Lesen Sie oder ein/e LN die Wortkarten vor, LN gehen zum richtigen Muster.

Erweiterung
Blanko-Silbenkarten

Untersuchen Sie den Lernwortschatz oder den Kurswortschatz nach den Betonungsmustern. Fortgeschrittene LN erstellen weitere Wortkarten entsprechend dem Muster in KV 1_14a.

Bidi ↗

19 Kontrastieren Sie *u / n* und *u / a*. LN schreiben auf KV_Schreiblinien oder ins Heft.

Erweiterung

26–27 Teilen Sie Entschuldigungsformulare Ihrer Institution aus. LN üben sich zu entschuldigen, schreiben beide Sätze in das Formular und ergänzen die fehlenden Angaben (Name, Datum, Unterschrift).

Bidi ↗
Entschuldigungsformular

28 Sprechen Sie zum zweiten Foto: Kennen Sie diese Nummer? Wo hat man so eine Nummer?

Beim Arzt 3

LN lernen, körperliche Schmerzen anzugeben. Der Langvokal [u:] wird präsentiert, ebenso das Basisgraphem <U u> und das Orthographem <Uh uh>.

1 Sprechen Sie über die Situation im Behandlungszimmer. „Was macht die Ärztin? Wie geht es dem Mann? Was sagt er?“

Poster 5

Wiederholen Sie zum Modulabschluss alle drei Situationen in einer möglichen realen Reihenfolge: Anmeldung, Wartezimmer, Behandlungszimmer. LN spielen einzeln alle Situationen nacheinander.

Tipp

U u Uh uh, Gummiband | 5 Sprechen Sie den Langvokal in Kombination mit einem Gummiband, dass Sie lang ziehen. Präsentieren Sie dann die Grapheme.

9 Lösung: Fuß, Ruhe, Uhr

16 Sprechen Sie über die Abbildungen. Welche Krankheiten sehen Sie?

2_39 | Hören Sie den Track. LN sprechen nach und zeigen evtl. auf die entsprechenden Körperstellen. Spielen Sie kleine Dialoge. Nutzen Sie dazu auch den Chunk *Gute Besserung*.

1_15 | 17–18 LN erstellen Wort- und Bildkarten zu verschiedenen Krankheiten.

Variante | Machen Sie ein Pantomimespiel: Bild- und Satzkarten liegen zugeordnet offen auf dem Tisch. Zeigen Sie oder ein/e LN eine typische Geste, LN zeigen auf das Bild und den Satz, sagen den Satz. Im nächsten Durchgang liegen die Bildkarten verdeckt neben den passenden Sätzen. Zeigen Sie die Geste, LN zeigen auf den entsprechenden Satz, Kontrolle über die Bildkarte.

Bidi ↘ | LN können anstelle des normalen Memory-Spiels Klatsch-Memory spielen. Oder sie üben nur mündlich die Sätze zu den Bildern.

Bidi ↗ | LN können zu den Bildkarten auswendig die Sätze schreiben. Die Satzkarten dienen zur Kontrolle.

28 Sprechen Sie über die Fotos. Wo ist das erste Foto? Vielleicht kennen LN *vhs*?

Abschließend können LN die Aufgaben zum Modul im *Schreibtrainer* bearbeiten. ➔ S. 20–23

Station 5

Lernziel und Material

Der Fokus dieser Station ist die Vokalquantität (Länge) und Vokalqualität (Klang) der Laute [a] und [ɛ]. Da im Deutschen die Vokallänge bedeutungsunterscheidend ist, wird zunächst der Unterschied zwischen Kurz- und Langvokal geübt. Erst danach wird die Minimalübung zwischen [a] und [ɛ] bzw. [a:] und [ɛ:] thematisiert. Zeigen Sie, dass die Mundöffnung von [ɛ] zu [a] größer wird.

Bereiten Sie Folgendes vor: KV_Station 5, Gummiband oder anderes elastisches Band

Gummiband | 1 Sprechen Sie die Laute lang und kurz. Unterstützen Sie zur Verdeutlichung mit entsprechenden Armbewegungen oder einem elastischen Band.

2_41 | Spielen Sie den Track ab und sprechen Sie die Laute mehrfach mit den LN nach.

2 Bei Bedarf können Sie zunächst einen Durchgang machen, in dem LN die Länge des Lautes mit Armbewegungen anzeigen.

2_42 | Im nächsten Schritt hören LN die Wörter und kreuzen die entsprechende Lösung (lang oder kurz) an. Evtl. bearbeiten Sie wieder Wort für Wort. LN markieren <a> und <ä> in den Wörtern.

3 LN unterscheiden die Laute [a] und [ɛ]. LN ergänzen die Lücken in den Wörtern.

2_43 | 4 Hören und sprechen Sie immer mehrfach. Achten Sie auf die korrekte Aussprache. Lassen Sie die LN in Kleingruppen nachsprechen.

2_45, Station 5 | 8 LN spielen ein Bewegungsspiel zum Differenzieren der Kurz- und Langvokale. Zur Unterstützung können Sie zuerst den Track zu Aufgabe 8 hören.

Tipp | Wenn Sie nicht genügend Raum für die großen und kleinen Schritte haben, können die LN große und kleine Armbewegungen machen.

Kinder und Familie

1	**M m**	Mann, Familie, Oma, Mutter	Das ist meine Familie. Das ist mein Mann Mesut.
2	**O o**	Tochter, Onkel, kommen, Osten	Wie heißt deine Tochter? Meine Tochter heißt Olcay.
3	**O o** **oh oo**	wohnen, Opa, Zoo, Foto	Das ist mein Sohn Olaf. Er wohnt in Polen.

Lernziele und Material

LN lernen, über ihre Kernfamilie zu sprechen. Sie verwenden dazu Familienwörter, Possessivartikel (1. und 2. Person Singular) sowie Personalpronomen 3. Person Singular (sie / er) und 3. Person Plural.

Bereiten Sie Folgendes vor: Poster 5, Graphem- und Buchstabenkarten, Lernwortschatzkarten, KV 1_16, 17, 18, evtl. eigene Familienfotos

Kinder und Familie 1

LN lernen, ihre Kernfamilie vorzustellen. In den Alpha-Box-Aufgaben werden dazu weitere Familienwörter gelernt. Der Laut [m] wird präsentiert. Zielgraphem ist <M m>.

1 Fragen Sie: „Wo sind Amira und die anderen? Kennen Sie alle Personen auf dem Foto?" — Poster 6

5 Präsentieren Sie den Laut. Drücken Sie die Lippen aufeinander und singen Sie *Mmh!* Zeigen Sie dann <M m> und kontrastieren Sie evtl. mit <N n>. Halten Sie dazu zwei Filzbuchstaben in unterschiedlichen Farben für ***m*** und ***n*** übereinander. — M m, evtl. N n

9 Lösung: Mann, Familie, Oma, Mutter — 2_46

16 Sprechen Sie über die Fotos. Wer sind die Personen? Was sagen Sie? Evtl. können LN hier schon Fotos ihrer Familie zeigen. In Aufgabe 18 wird das ebenfalls noch einmal angeregt. — 2_50

17–18 LN erstellen Karten für Familienwörter und Possessivartikel und üben kleine Sätze. — 1_16

19 Kontrastieren Sie *m* und *n*. LN schreiben ins Heft oder nutzen dazu KV_Schreiblinien. — *Erweiterung*

28 Kennen LN andere Familiennamen mit „M"? Evtl. lesen sie in ihrem Haus die Klingelschilder.

Kinder und Familie 2

LN lernen, nach den Namen der Familienangehörigen zu fragen und die Fragen zu beantworten. Der Kurzvokal [ɔ] wird präsentiert. Zielgraphem ist <O o>.

1 Wiederholen Sie die Chunks aus Lektion 1. Fragen Sie dann: „Worüber sprechen die Männer? — Poster 6

5 Sprechen Sie zur Lautanbahnung [ʊ] und vergrößern dann die Mundöffnung zu [ɔ]. Achten Sie darauf, nur den Kurzvokal zu sprechen. Zeigen Sie das Graphem. — O o

8 Malen Sie einen Pfeil in das Bild zur richtigen Person bei *Tochter* und wiederholen Sie *Mutter*. Verweisen Sie bei *Onkel* darauf, dass es nicht *Vater* ist. — 2_54

9 Lösung: Tochter, Onkel — 2_52

16 Erinnern Sie an den Einstiegsdialog. „Was fragt Ali? Was antwortet Mustafa?" Wiederholen Sie die Fragen. Lassen Sie die LN vermuten, was Mustafa fragen könnte. — 2_56

Erweiterung LN fragen reihum: „Wie heißt dein Onkel?“ oder „Wie heißen deine Onkel?“ LN erfragen weitere Namen von Familienmitgliedern.

1_17 — 17–18 LN stellen Buchstabenkarten zu L l, U u, M m, O o her. Entscheiden Sie, ob Sie zeitgleich die passenden Filzbuchstaben herstellen lassen.

Erweiterung Buchstabenkarten — LN können mit allen Buchstabenkarten (Groß- und Kleinbuchstaben) von *Hier! Alpha 1* Memory oder Klatsch-Memory spielen.

Variante LN legen alle Großbuchstaben untereinander und suchen Lern- oder / und Kurswörter mit dem gleichen Anfangsbuchstaben. Danach machen sie einen Durchgang mit Kleinbuchstaben.

Kinder und Familie 3

LN können Angaben zum Wohnort (evtl. Arbeitsort) machen. Der Langvokal [o:] mit dem Basisgraphem <O o> sowie den Orthographemen <oh> und <oo> werden präsentiert.

Poster 6 — 1 Wiederholen Sie die Dialoge zu Lektion 1 und gehen Sie dann auf die letzte Situation ein. Fragen Sie: „Worüber sprechen Anna, Nada und Annas Tochter? Was ist noch interessant?“

Erweiterung Porträtfotos — LN stellen einen oder zwei Familienangehörige vor, mögliche Infos: Name, Alter, Herkunftsort, Wohnort, Arbeitsort. Oder sie erfinden die fehlenden Informationen zu den Protagonisten.

2_58 — 9 Lösung: wohnen, Zoo

2_62 — 16 Erinnern Sie an den Einstiegsdialog. Klären Sie *Großeltern*: „Wer ist das? Oma und Opa.“ Hören Sie den Track. LN sprechen nach. Wiederholen Sie.

1_18 — 17–18 LN legen Sätze zu Protagonisten und üben Personalpronomen.

Bidi ↗ LN können kleine Sätze über ihre Familie in ihr Heft schreiben.

Abschließend können LN im *Schreibtrainer* die Aufgaben zum Modul bearbeiten. ➔ S. 24–27

Station 6

Lernziel und Material

Die Laute zu *o* und *u* werden als Lang- und Kurzvokal gegenübergestellt und unterschieden.

Bereiten Sie Folgendes vor: KV 1_Station 6, Artikulationsfotos [ʊ] [u:] und [ɔ] [o:], Gummiband

Bidi ↘ Gummiband — 2 LN decken die rechte Spalte ab. Präsentieren Sie die Graphemkarte <o>. Sprechen Sie und zeigen Sie mit dem Gummiband, dass die Schreibweise ein kurzes oder langes *o* sein kann. Dann hören LN und kreuzen entsprechend an. Bearbeiten Sie mit den LN die rechte Spalte zu *u*.

3 LN differenzieren zwischen *o* und *u*. Erinnern Sie an die vergrößerte Mundöffnung bei *o*.

Tipp LN machen das Buch zu. Stellen Sie die Artikulationsfotos und Graphemkarten für o und u an der Tafel zur Verfügung und lassen Sie richtig zuordnen. LN vergleichen dann mit Aufgabe 1.

8 LN spielen ein Bewegungsspiel zum Minimalpaar *o* und *u*.

Tipp Zur Unterstützung der Bewegungen nach rechts und nach links können Sie die Fotos und Abbildungen zu o und u entsprechend an die Wand heften. Wenn LN [ɔ] bzw. [o:] hören, sehen sie, dass sie nach links gehen müssen, bei [ʊ] bzw. [u:] gehen sie nach rechts.

Zum Abschluss von Band 1 können LN im *Schreibtrainer* das *Portfolio* bearbeiten. ➔ S. 28–33

Übungstypologie 2

1 Was sehen Sie auf dem Foto? Sprechen Sie.

Aktivieren Sie wie bekannt das Vorwissen der LN und erweitern Sie die mündliche Austauschphase. Sammeln und wiederholen Sie passend zum Situationsfoto die in Band 1 eingeführten Personen, Wörter und Chunks. Übertragen Sie so Wortschatz und Chunks in andere Situationen. Regen Sie bei stärkeren Gruppen an, kleine Dialoge zu spielen.

2 Wer spricht? Hören Sie und kreuzen Sie an.

Das Prinzip der Aufgabe ist den LN bereits bekannt; für die Lösung können LN sprachenübergreifende Hörstrategien anwenden. Regen Sie ab jetzt, wenn möglich, nach dem Ankreuzen einen mündlichen Austausch an. Was haben LN noch verstanden? Sammeln Sie weitere Wörter oder Chunks, die LN heraushören, und bahnen Sie das selektive Hörverstehen an.

4 Schreiben Sie mit dem Finger. Malen Sie aus.

Zielgrapheme

Leiten Sie mit dieser Übung auf die Graphemebene über. Anstelle der Schwungübungen beginnt die Seite nun mit der bekannten Aufgabe 5 aus Band 1. Sprechen Sie wieder den Laut isoliert und mithilfe eines Beispielwortes vor und führen Sie die Schreibweisen der Grapheme ein.

den Laut vorsprechen

5 Markieren Sie ... und ....

Das Zielgraphem wird in vier Reihen auf unterschiedlichen Ebenen bearbeitet: Großschreibung, Kleinschreibung, in Silben und in bekannten Wörtern. LN differenzieren das Zielgraphem in einer Umgebung von Graphemen und Zahlen, die mit Ähnlichkeiten angereichert ist.

B D P D D O Q D C D P B B D Q B O C D O D D
q d d b p g d 6 q b p d q q d g p d q g b p 9 g d q p d g

ba qua Be do pa Di ab Do bi Od ga ob ad da Dö pi
danke du Adresse Mädchen Deutsch ledig

Demonstrieren Sie an der Tafel Ähnlichkeiten von Graphemen und Zahlen. Bei Schwierigkeiten nehmen Sie die Grapheme in die Grundformen auseinander und verdeutlichen so den Unterschied. Oder zeigen Sie dies mit Hilfe einer Symmetrieachse / Buchstabenfahne.

Tipp Buchstabenähnlichkeiten

Lassen Sie die Wörter in der letzten Zeile evtl. laut lesen. Kennen LN weitere Wörter mit dem Zielgraphem? Sammeln Sie.

Bidi ↗

7 Markieren Sie ... und ....

Die Buchstabenreihen zeigen weitere neue Schriftarten und vertiefen die visuelle Differenzierung. Zudem ist die Reihe nicht mehr durch Buchstaben, sondern Wortgrenzen gegliedert.

Schriftvarianten

Die bisherige Schreibung des kleinen *ɑ* wird um das Druckschrift *a* erweitert. Durch die Bearbeitung der Übung und das implizite Einstreuen der neuen Schreibweise wird den LN diese Buchstabenform vertraut gemacht. In Band 3 werden in einer eigenen Station explizit unterschiedliche Schreibungen und Schriften thematisiert, insbesondere das kleine ɑ.

Verteilen Sie Prospekte, Zeitungen oder andere authentische Materialien zur Sensibilisierung für verschiedene Schriften. LN suchen die Zielgrapheme und markieren.

Tipp

Lernwörter

13 **Welches Wort sehen Sie? Verbinden Sie.**

Variante 1

Diese Variante zum Aufbau des Sichtwortschatzes beinhaltet eine Veränderung: die geschüttelten Wörter werden ohne Abstände zwischen den Buchstaben präsentiert. Die Durchführung der Übung bleibt gleich, nur der Schwierigkeitsgrad wird durch die Verdichtung der Buchstaben leicht erhöht.

19 **Schreiben Sie.**

Schreiblinien

LN schreiben nicht mehr nur die Zielgrapheme, sondern wiederholen diese im Wortkontext auf einer etwas kleineren Schreiblinie. Die vier Lernwörter sind in unvollständiger Schrift dargestellt. LN müssen Ziel- und andere Grapheme visuell erweitern und vervollständigen, und erkennen die Lernwörter. Zur Selbstüberprüfung können LN ihre ergänzten Wörter, mit denen z. B. in Aufgabe 8 abgleichen. Für das weitere Automatisieren des Zielgraphems und / oder der Lernwörter können LN KV_Schreiblinien in unterschiedlichen Größen nutzen.

21 **Schreiben Sie. Lesen Sie.**

Die bisherige Aufgabe wird erweitert: Die vier Lernwörter werden in Nachschreibschrift mit Lücken für die Zielgrapheme und andere bereits bekannte Grapheme präsentiert. LN erweitern das Wortgerüst und sollen die Lernwörter erkennen. Anschließend füllen Sie die Lücken mit den fehlenden Graphemen. Schnellere LN können das ganze Wort nachschreiben.

23 **Verbinden Sie. Lesen Sie.**

Silbenmethode

LN wiederholen in Silben zerlegte Lern- oder Lektionswörter mit dem Zielgraphem, wobei der Silbenkern nun vorgegeben wird. Die bekannte richtige Anordnung für das aufbauende Lesen in Silbenform ist jedoch durcheinandergewürfelt. LN erlesen die Silben und müssen sie im Kopf erweitern und zu Wörtern zusammensetzen. Lassen Sie die Wörter nach dem Verbinden sprechen und klopfen. Zusätzlich können LN die Wörter ins Heft schreiben.

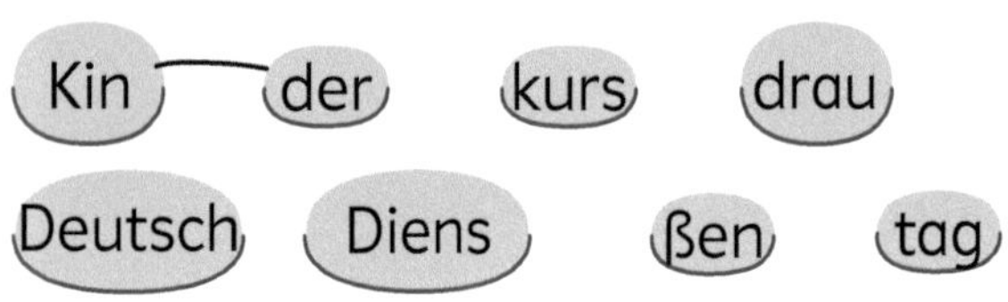

25 **Schreiben Sie.**

Das Grundmuster der Aufgabe bleibt gleich, jedoch nimmt der Schwierigkeitsgrad zu. Die Chunks werden stärker variiert, sodass oft ein Frage-Antwort-Muster entsteht. Nicht nur das Zielgraphem, sondern auch andere Grapheme sollen geschrieben werden.

Für die Bearbeitung der nächsten beiden Aufgaben dient Aufgabe 25 als Vorbereitung und Unterstützung. LN können sich beim Schreiben daran orientieren bzw. sich selbst kontrollieren.

26–27 **Schreiben Sie.**

Als Erweiterung der Nachschreibübung sollen LN (nicht in jeder Lektion) einen unvollständigen Chunk nachschreiben und die Lücke mit einem Wort frei ergänzen. Durch diese Freistelle können die Chunks individualisiert werden.

28 **Welche Wörter kennen Sie? Lesen Sie und markieren Sie.**

Da erste Wörter aus Band 1 bereits bekannt sind, können LN statt der Zielgrapheme ganze Wörter in den Abbildungen erkennen und markieren. Regen Sie, wann immer es möglich ist, auch den interkulturellen Austausch an, und ermuntern Sie die LN, ihre Umgebung nach den Wörtern und Zielgraphemen zu erkunden.

Aktivitäten

1	**D d**	Dienstag, Kinder, Freunde, draußen	Was machst du am Dienstag? Da habe ich Deutschkurs.
2	**T t** _d _dt	Kleid, Stadt, Zeit, arbeiten	Kommst du mit in die Stadt? Tut mir leid. Ich habe keine Zeit.
3	**F f** V v	vorstellen, Vogel, treffen, Freut mich.	Darf ich vorstellen? Das ist mein Freund, Steffen Vogel.

Bevor Sie mit der ersten Lektion von *Hier! Alpha 2* beginnen, blättern Sie mit den LN im neuen Kursbuch. Fragen Sie: „Was ist gleich? Was ist neu? Was fällt Ihnen auf?“ Lassen Sie sich Zeit und sprechen Sie mit den LN über die Veränderungen. ➔ *Übungstypologie 2*, S. 49–50

Lernziele und Material

LN lernen, Verabredungen zu treffen oder abzusagen. Sie lernen, wie man eine Person vorstellt.

Bereiten Sie Folgendes vor: Poster 1, Porträtfotos von Sibel (aus Band 1 und 2), Buchstaben- und Graphemkarten, Lernwortschatzkarten, Silbenkarten der Wörter aus der Übung 23, Blanko-Silbenkarten, KV 1_1, 2, 3, ggf. Wochen- oder Wandkalender, Chunk- und Transkriptionsstreifen, Artikulationsfotos online zu *Hier! Vorkurs*

Aktivitäten 1

LN lernen, die Wochentage zu benennen und danach zu fragen. Der Laut [d] wird präsentiert. Zielgraphem ist <D d>.

1 Wiederholen Sie die Namen der Protagonisten: Sibel mit ihrer Tochter Ikram und Amira, Nada und Sibel, Abbas, Anna Nagel. (Ihr Freund, Steffen Vogel, wird in Lektion 3 des Moduls vorgestellt). Fragen Sie: „Wo sind die Personen? Worüber sprechen sie?“ — Poster 1

Sibel wird ab Band 2 durch eine andere Person dargestellt. Zeigen Sie die Veränderung mit Hilfe der Porträtfotos. — Porträtfotos Sibel

3 Wiederholen Sie die Chunks reihum. LN 1 fragt, LN 2 antwortet, LN 2 fragt, LN 3 antwortet usw. Variieren Sie mit Ihren Kurstagen, wenn LN die Wochentage schon sicher verwenden können. — 1_2

4 Anstelle der Schwungübungen malen LN in Band 2 direkt die Zielgrapheme aus. Sollten LN noch Schwungübungen benötigen, wählen Sie diese aus Band 1 aus. Projizieren Sie sie an die Tafel. Stellen Sie Blanko-Papier / Arbeitsblätter zur Verfügung. — Neu!

Präsentieren Sie den Laut und das Zielgraphem. Nutzen Sie dazu den Papiertrick (S.126) oder zeigen Sie das Artikulationsfoto aus *Hier! Vorkurs online.* — D d

5 LN markieren den Groß- und Kleinbuchstaben des Graphems in unterschiedlichen Darstellungen. In der ersten Zeile wird der Großbuchstabe des Zielgraphems markiert, in der zweiten der Kleinbuchstabe. In Zeile 3 markieren LN sowohl den Großbuchstaben als auch den Kleinbuchstaben in Silben, in Zeile 4 in bereits eingeführten Wörtern. — Neu!

Schreiben Sie die Zielgrapheme an und kontrastieren Sie sie mit den leicht zu verwechselnden Buchstaben oder Zahlen. — *Tipp*

LN markieren zuerst nur den Großbuchstaben in Zeile 1, 3 und 4 und in einem zweiten Schritt den Kleinbuchstaben in den Zeilen 2, 3 und 4. Zur weiteren Unterstützung nutzen LN in dieser Aufgabe verschiedene Farben für Groß- und Kleinbuchstaben. — Bidi ↘

Bidi ↗ LN markieren das Zielgraphem in den Chunk- oder Transkriptionsstreifen oder schreiben Wörter aus Zeile 4 ins Heft.

Tipp 6 Wie auch schon bei <L l> (Band 1, *Beim Arzt 1*) haben hier der Groß- und Kleinbuchstabe die gleiche Höhe. Achten Sie darauf, dass LN den Längsstrich bei <d> bis zur oberen Linie schreiben. Kontrastieren Sie ggf. mit dem Kleinbuchstaben <a>. LN schreiben abwechselnd <a d> ins Heft.

Neu! 7 Fragen Sie: „Was ist neu in dieser Aufgabe?" Zeigen Sie ein Beispiel aus Band 1. Evtl. können LN Unterschiede benennen (andere Schriftarten, anderes <a>, Lücken).

Bidi ↗ LN können die Buchstaben in den Wörtern und anschließend die Wörter in den Sätzen sortieren. Zur Unterstützung nutzen LN die Chunk-Streifen.

1_3 8 Klären Sie den Wortschatz. Fragen Sie: „Wann ist die Party? Montag oder Dienstag?" Stellen Sie *draußen / drinnen* gegenüber und fragen Sie: „Wo sind die Kinder? Wo sind Sie?" Thematisieren Sie hier noch nicht die Auslautverhärtung in den Singularformen von *Kind* und *Freund*.

Lernwortschatzkarten Spielen Sie mit den Lernwortschatzkarten Memory, um den Wortschatz zu sichern.

1_1 9 Lösung: Dienstag, draußen

Neu! 12 LN schreiben in den Lernwörtern alle bisher erarbeiteten Grapheme nach.

Bidi ↗ LN können die Wörter ins Heft schreiben und auswendig schreiben üben.

Bidi ↗ 13 LN können die Buchstaben der Lernwörter anders vertauschen oder mit den Wörtern aus Aufgabe 5 (*danke, Adresse, ledig*) eigene Aufgaben erstellen.

1_5 15 Diese Aufgabe fokussiert zunehmend grammatische Aspekte (Konjugation, Groß- und Kleinschreibung, Singular / Plural). Je nach Kurs können Sie diese aufgreifen, jedoch ohne sie zur Grammatikübung auszubauen.

16 Wiederholen Sie die Frage *Welcher Tag ist heute?* mit dem jeweils aktuellen Kurstag.

1_1 17–18 LN basteln einen Würfel, mit dem sie die Wochentage üben.

Neu! 19 LN schreiben nun vier Lernwörter ganz und auf schmalerer Schreiblinie als in Band 1.

Bidi ↘ LN können auch nur die Zielgrapheme nachschreiben.

Tipp 20 Machen Sie hier noch einmal auf die gleiche Höhe des Groß- und Kleinbuchstabens aufmerksam. LN vergleichen mit den Chunks im Buch oder auf den Chunkstreifen.

Neu! 21 LN ergänzen in den Lernwörtern auf einer gepunkteten Grundlinie die Zielgrapheme der Lektion und weitere bekannte Grapheme frei. Unbekannte Grapheme und die Grapheme, die zur Worterkennung notwendig sind, werden nachgeschrieben.
Schreiben Sie die Lernwörter an. Wischen Sie dann die Zielgrapheme weg. LN ergänzen an der Tafel. Im nächsten Schritt wischen Sie Zielgrapheme und bekannte Grapheme, wie im Buch vorgegeben, weg. LN ergänzen an der Tafel und im Anschluss im Buch.

Bidi ↘ LN vergleichen mit den Lernwörtern in Übung 19 oder den Lernwortschatzkarten.

Bidi ↗ LN decken die Übung 19 und 20 ab und ergänzen.

Neu! 23 LN verbinden die Silben der Wörter, die sowohl aus dem Lern- und Sichtwortschatz als auch aus den Chunks stammen können.

Silbenkarten Zwei LN legen die Silben Kin der, Diens tag, drau ßen, Deutsch kurs haptisch zusammen.
Acht LN bekommen je eine Silbenkarte und suchen LN mit der passenden anderen Silbe.

LN erstellen Silbenkarten weiterer Lernwörter, z. B. aus der aktuellen Lektion das Wort *Freunde* oder aus den Beispielen aus Aufgabe 5 *danke, Adresse, ledig*. Helfen Sie bei den Betonungsmustern. LN klopfen abschließend das Betonungsmuster.

Bidi ↗
Blanko-Silbenkarten

Erstellen Sie mit den LN auf einem großen Plakat eine Tabelle mit Betonungsmustern. In Band 1 haben sie sechs verschiedene Muster kennengelernt:

Tipp

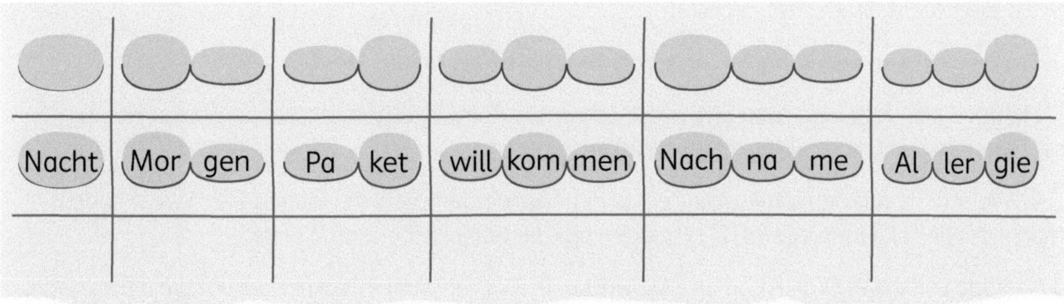

LN können ab jetzt neue Wörter in die Tabelle eintragen und sehen so, welche Betonungsmuster am häufigsten vorkommen. Sie können das Plakat für weitere Silbenübungen nutzen; z. B. LN 1 zieht eine Lernwortschatzkarte und LN 2 klopft das Betonungsmuster. Kontrolliert wird über die Tabelle.

24 Achten Sie darauf, die Laute nur so zu sprechen, wie sie im Wortganzen vorkommen, hier keine Auslautverhärtung bei *K i n d*.

26–27 LN ergänzen wie im Chunk oder frei. LN lesen ihre Antworten vor und vergleichen.

28 LN lesen Straßenschriften und markieren bekannte Wörter. Neu!

Zeigen Sie die Wortkarten der Lektion. Fragen Sie: „Welche Wörter sehen Sie?" Dann: „Welche Wörter kennen Sie noch?" LN zeigen die anderen bekannten Wörter: *Ruhe, Tag, Montag, ich* und markieren sie in einer anderen Farbe. Bidi ↘

Sprechen Sie auch über die Bedeutung der Schilder: Ruhetag / Haustiere. Wo gibt es solche Schilder? LN vergleichen mit ihren Herkunftsländern.

Aktivitäten 2

LN können nach gemeinsamen Unternehmungen fragen und darauf reagieren. Sie lernen, weitere Aktivitäten zu benennen. Der Laut [t] wird präsentiert. Das Basisgraphem ist <T t>; Orthographeme sind <_d> und <_dt>. Die Doppelkonsonanten werden in Band 3 gesondert behandelt.

1 Wiederholen Sie Chunks und Lernwörter aus der vorigen Lektion. Poster 1

2 Fragen Sie: „Was denken Sie? Worüber sprechen Nada und Sibel?" Weisen Sie noch einmal darauf hin, dass Sibel von einer anderen Person dargestellt wird. Zeigen Sie dazu die Porträtfotos. Porträtfotos Sibel

4 Präsentieren Sie den Laut (wie auf S. 126) und zeigen zunächst nur das Basisgraphem <T t>. T t

5 LN markieren <T t>. Kontrastieren Sie mit ähnlich aussehenden Buchstaben und Zahlen. Je nach Kurs können LN einzelne oder alle Wörter aus Zeile 4 laut lesen.

6 Präsentieren Sie wieder den Laut und zeigen auch die Orthographeme <_d>, <_dt>. Zeigen Sie <_d> und weisen Sie auf die Bedeutung des Unterstrichs hin. Zeichnen Sie wie in Aufgabe 14 die Symbole *Mund* und *Stift* an und schreiben Sie dazu die Buchstaben bzw. zeigen die Graphemkarten. d _d

Schreiblinien

LN schreiben dann die Grapheme. Weisen Sie wieder auf die Größenverhältnisse (alle Buchstaben haben die gleiche Länge) hin und den geringeren Abstand bei <_dt>. LN schreiben zusätzlich ins Heft oder auf KV_Schreiblinien.

7 Falls einige LN die Wörter *du* und *die* erkennen, weisen Sie darauf hin, dass es sich hier nicht um das Graphem <_d> mit Auslautverhärtung handelt, sondern um <d>.

1_7

9 Lösung: Kleid, Stadt, Zeit, arbeiten

13 LN markieren sechs Wörter: *arbeiten, Zeit, bitte, Tee, Nacht, Stadt.*

Bidi ↗

LN können aus dem Lern- und Sichtwortschatz aus Band 1 weitere passende Wörter heraussuchen und zusätzliche Gitterrätsel erstellen.

14 Weisen Sie auf den Infokasten rechts hin und wiederholen Sie. Fragen Sie: „Wann spricht man <d> wie [t], wann wie [d]?“ LN zeigen auf die entsprechenden Wörter.

1_11

16 Nada variiert Amiras Frage aus *Aktivitäten 1.* Sibel ergänzt ihre Antwort um die Zeitangabe. LN sprechen mehrfach reihum. LN variieren mit anderen Wochentagen, erweitern mit: „Kommst du mit in die Stadt?“, und geben eine positive Antwort: „Gerne. Ich habe Zeit.“

1_2
Würfel von 1_1

17–18 LN sprechen über Aktivitäten der Woche. Sie üben Frage- / Antwortmuster mit Satzteilen, die sie kombinieren können und wiederholen dabei die Wochentage.

Blanko-Silbenkarten, Silbenkarten aus Aktivitäten 1

23 LN erstellen eigenständig Silbenkarten wie in der Übung und legen die Wörter zusammen.

LN vergleichen die Anzahl der Silben und klopfen das Betonungsmuster. Ggf. können Sie zusätzlich die Silbenkarten aus *Aktivitäten 1* nutzen. Ergänzen Sie hier oder nach Aufgabe 10 das Plakat mit den Betonungsmustern.

28 LN können sich gegenseitig kleine WhatsApp-Nachrichten wie im Beispiel schreiben.

Aktivitäten 3

LN können jemanden vorstellen und auf eine Vorstellung reagieren. Der Laut [f] wird präsentiert. Basisgraphem ist <F f>, Orthographem <V v>. Das Orthographem <ff> ist in einem Lernwort enthalten.

Poster 1

1 Wiederholen Sie. Zeigen Sie auf Foto 3 und fragen Sie: „Wie heißen die Personen? Was glauben Sie: Wer ist der Mann? Was macht Anna mit der Hand?“ Machen Sie die Geste vor.

1_13

2 Fragen Sie. „Wie heißt der Mann?“ Haben LN den Namen verstanden? (Steffen Vogel)

1_14

3 LN variieren die Chunks, indem sie sich untereinander vorstellen. Die Armbewegungen für die Satzmelodie in den Chunks können die Vorstellung gestisch unterstreichen. „Darf ich vorstellen?“ (Armbewegung nach oben) „Das ist meine Kollegin / mein Kollege, … (Armbewegung nach unten und LN 1 zeigt dabei auf LN 2). LN 3 antwortet: „Freut mich.“

F f V v

4 Präsentieren Sie den Laut und die Grapheme. Weisen Sie LN auf die gleiche Form und auf die unterschiedliche Größe bei <V v> hin. Zur Lautanbahnung legen Sie den Zeigefinger so auf die Unterlippe, dass sie die oberen Schneidezähne berührt. ➔ Artikulationsfoto, S. 126

5 LN markieren zum ersten Mal vier verschiedene Grapheme in einer Aufgabe.

Bidi ↘

LN markieren der Reihe nach erst in allen Zeilen <F>, dann <f> usw. LN gehen auch in Aufgabe 7 und 11 in der gleichen Weise vor.

1_15

8 Wiederholen Sie das Vorstellen mit dem Chunk *Freut mich.* wie in Aufgabe 3. Klären Sie zusätzlich zum Bild *treffen* die Bedeutung anhand der drei Situationen auf dem Einstiegsposter.

9 Lösung: vorstellen, Vogel, Freut mich. — 1_13

Zerschneiden Sie den Hörtext. LN legen die Transkriptionsstreifen in die richtige Reihenfolge. — Bidi ↗

13 LN erstellen eigene Wortschlangen, Gitterrätsel oder Wörter mit vertauschten Buchstaben. — Bidi ↗

16 LN variieren und wiederholen erneut, sich gegenseitig vorzustellen. LN lernen die weibliche Form *Freundin*. — 1_17

Klassenspaziergang: LN gehen im Raum umher, bei Stopp stellen sie die Person in der Nähe vor. — *Erweiterung*

17–18 LN basteln einen Silbenschieber. LN lesen Silben mit Lang- und Kurzvokalen. — 1_3

23 LN schreiben Silbenkarten und legen die Wörter zusammen. Bieten Sie das haptische Zusammenlegen, wenn möglich, immer an. LN ergänzen das Plakat mit den Betonungsmustern. — Blanko-Silbenkarten

27 LN ergänzen frei *mein … / meine …* Wiederholen Sie ggf. Familienwörter.

28 Regen Sie LN an, im Alltag auf Werbeplakaten o. Ä. nach bekannten Wörtern zu suchen und Fotos zu machen. LN zeigen ihre Fotos und der Kurs erliest die Wörter.
Tauschen Sie sich über Treffpunkte / Sprachcafés / Tandem-Abende zum Deutschsprechen in der Umgebung aus. Bringen Sie Infomaterial und Flyer von Vereinen und kostenlosen Treffpunkten mit.

Abschließend können LN die Aufgaben zum Modul im *Schreibtrainer* bearbeiten. ➔ S. 34–37

Station 1

Lernziel und Material

LN wiederholen die Zahlen bis 100, üben Preise zu nennen und zu verstehen, sowie Zahlenwerte von Münzen und Geldscheinen zu erfassen.

Bereiten Sie Folgendes vor: Münzen und Geldscheine aus KV_Station 1, Preiskarten aus KV 1_7a, evtl. Zahlenkarten bis 100 oder Blanko-Karten, Lebensmittelprospekte

1 LN schreiben und sprechen Zahlen bis 100. Nehmen Sie evtl. unterstützend Zahlenkarten hinzu und lassen Sie die Reihen auf dem Boden legen.

Wiederholen Sie die Zahlen in einer Reihenübung oder mit Ball mündlich auf Tempo. — *Erweiterung*

2–3 LN hören und benennen die Zahlenwerte von Münzen und Geldscheinen. — 1_19, 1_20

Fragen Sie: „Was fehlt? Welche Münzen, welcher Geldschein?“ Zeigen Sie auch diese Geldscheine / Münzen: 2-Cent und 20-Cent-Münze, 5-Euro-Schein — *Erweiterung*

5 Lösung: 79,-€, 1,50 €, 100,-€, 0,50 € — 1_21

6 Schreiben Sie weitere Beispiele an. LN nennen die Preise. Nutzen Sie zusätzlich Lebensmittelprospekte, um Preise zu lesen. Achten Sie darauf, dass LN beim Nennen der Preise *Euro* an der richtigen Stelle sprechen. — 1_22, Prospekte

7 LN lesen die Preise und verbinden dann. Zur Vorentlastung zählen LN zunächst jeweils die Münzen und Geldscheine auf der rechten Seite zusammen und ordnen dann zu.

8 LN suchen andere Möglichkeiten, um die Preise in Aufgabe 7 mit ihren Geldkarten darzustellen. — Station 1

LN üben Geld wechseln: z. B. 10 €-Schein in gleiche / verschiedene Münzen wechseln usw.

Essen und Trinken

1	**Ww** **Vv**	Oliven, Wurst, Wasser, Zwiebeln	Was isst du? Ich nehme eine Pizza mit Oliven.
2	**Ei ei**	Reis, Eier, Fleisch, Speisekarte	Ich nehme die Eins. Ich esse kein Schweinefleisch.
3	**G g**	gehen, Gemüse, gut, Geld	Wollen wir essen gehen? Ja gerne, aber ich habe kein Geld.

Lernziele und Material

LN lernen zu sagen, was sie in einem Restaurant bestellen möchten und was sie nicht essen / trinken. Sie können sich zu einem Restaurantbesuch verabreden.

Bereiten Sie Folgendes vor: Poster 2, Buchstaben- und Graphemkarten, Lernwortschatzkarten, KV 1_4, 5, 6, Flyer von Imbiss-Restaurants, Artikulationsfotos online zu *Hier! Vorkurs*

Essen und Trinken 1

LN können Bestellwünsche äußern. Der Laut [v] wird präsentiert. Basisgraphem ist <W w>, Orthographem ist <V v>.

Poster 2 — 1 LN wiederholen die Namen der Protagonisten. Sprechen Sie über die Orte, an denen sich die Personen befinden. Fragen Sie: „Wo sind Mustafa, Nada und die anderen? Was machen sie? Was hat Mustafa in der Hand, was Abbas?"

1_23 — 2 Fragen Sie evtl. noch: „Was bestellen Mustafa und Nada?

1_24 — 3 LN fragen und antworten reihum. Stärkere LN können evtl. schon ihre Antworten variieren.

W w V v — 4 Präsentieren Sie den Laut, indem Sie dabei die Handfläche unter die Lippe legen (vgl. S. 126). Präsentieren Sie die Grapheme. Schreiben Sie Groß- und Kleinbuchstaben beider Grapheme ungeordnet und ohne Grundlinie an und lassen Sie Groß- und Kleinbuchstaben zuordnen.

Tipp — Zeigen Sie zur Unterscheidung von <V v> das Lernwort *Vogel* und sprechen Sie das Wort mit der eingeführten Lautgeste. Zeigen Sie dann <V v> in Kombination mit dem Lernwort *Oliven*, und sprechen Sie das Wort auch hier mit der passenden Geste.

1_25 — 8 Klären Sie den Oberbegriff *Wurst*. Fragen Sie ggf., welche Wurstsorten LN kennen bzw. essen.

1_23 — 9 Lösung: Oliven, Wurst, Wasser

12 Das vokalisierte *r* ist noch nicht bekannt; <_er> wird daher in *Wasser* vorgegeben.

15 Thematisieren Sie die unterschiedliche Semantik der Wörter *isst* und *ist* an der Tafel.

1_27 — 16 LN variieren ihre Antworten. Sammeln Sie ggf. die Antworten für das Spiel in Aufgabe 18. Thematisieren Sie nicht den Akkusativ. Die Antworten werden als Chunk gelernt.

1_4 — 17–18 LN basteln ein Pizza-Bingo und üben Bestellwünsche.

Bidi ↘ — LN belegen ihre Pizza mit verschiedenen Zutaten (Bildseite oben) und sagen: „Ich nehme eine Pizza mit ..." Im zweiten Schritt drehen sie die Bildkarten um (Wortseite oben) und wiederholen den Satz.

Bidi ↗ — 20 LN schreiben die Chunks ins Heft und variieren die Antwort.

24 Achten Sie auf die korrekte Aussprache; *O l i v* wird wie im ganzen Wort gesprochen.

LN können die Wörter mit den Graphemkarten auch aufbauend oder abbauend legen. *Erweiterung*

26–27 LN ergänzen entweder *isst* oder *trinkst* und ergänzen ihre Antwort entsprechend.

28 Klären Sie den Wortschatz auf der Speisekarte. LN wählen ihre Lieblingspizza oder stellen sich eine zusammen. Dann spielen sie kleine Bestelldialoge.

LN bringen Flyer von Imbiss-Lokalen mit und markieren bekannte Wörter. Flyer von Imbiss-Lokalen

Essen und Trinken 2

LN lernen eine weitere Bestellmöglichkeit kennen und können sagen, was sie nicht essen oder trinken. Der Laut [aɪ̯] wird präsentiert. Zielgraphem ist <Ei ei>.

1 Lassen Sie Vermutungen zu den beiden übrigen Situationen anstellen und Dialoge spielen. Poster 2

2 Fragen Sie: „Wo sind Abbas und Ali? Was denken Sie: Was möchten sie bestellen?“

4 Präsentieren Sie den Laut und die Grapheme. Nutzen Sie dazu die Artikulationsfotos, S. 126 und zeigen, dass der Laut [aɪ̯] aus zwei Lauten gebildet wird. Dabei liegt der Akzent auf dem ersten Vokal und fällt dann ab. Ei ei

6 Achten Sie darauf, dass LN beim Kleinbuchstaben <i> die gepunktete Linie nicht vollständig bis zum i-Punkt ergänzen.

9 Lösung: Reis, Fleisch, Speisekarte 1_29

10 LN lernen ein neues Betonungsmuster für ein viersilbiges Wort kennen. Sie sprechen und klopfen mehrfach. Ergänzen Sie das neue Betonungsmuster auf dem Plakat.

Spei se kar te

16 LN wiederholen reihum. LN 1 spricht einen Satz, dann ist LN 2, LN 3 usw. an der Reihe, immer wieder von vorne beginnend. Variieren Sie. LN 1 spricht zwei Sätze, dann LN 2, usw. Dabei wird der Negativartikel im Akkusativ als Chunk gelernt. Übungen dazu finden Sie in der Alpha-Box. 1_33 *Erweiterung*

17-18 LN üben spielerisch kleine Dialoge. Sie befragen sich gegenseitig, was sie (nicht) essen bzw. trinken und antworten mit dem gelernten Chunk positiv oder negativ. 1_5

20 Schreiben Sie zur Unterstützung die Grapheme <Ei>, <ei>, <eh> an, zeichnen Kästchen um die Grapheme wie in Aufgabe 20 und zeichnen dann die leeren Kästchen daneben. Bidi ↘

26-27 LN ergänzen frei oder nutzen den Wortschatz aus der Alpha-Box.

LN schreiben positive Antworten in ihr Heft und lesen sich dann alle Antworten vor. *Erweiterung*

28 LN suchen ähnliche Plakate in Metzgereien / Fleischereien in ihrer Umgebung und machen Fotos. LN suchen bekannte Wörter auf den Plakaten. Fragen Sie: „Was kann man dort alles kaufen? Was gibt es aktuell im Angebot?“
Auf dem zweiten Foto lesen LN „Speisenkarte“ statt „Speisekarte“. Thematisieren Sie Abweichungen, was kann man noch sagen? z. B. Menü (siehe Foto Aufgabe 8).

Essen und Trinken 3

LN lernen vorzuschlagen, essen zu gehen. Der Laut [g] wird präsentiert. Zielgraphem ist <G g>.

1 Fragen Sie: „Was denken Sie: Was sagt Sibel zu Amira? Was macht sie mit der Hand?“ Poster 2

2 LN hören und vergleichen mit ihren Vermutungen. Verstehen sie Amiras Problem? 1_35

Gg — 4 Sprechen Sie den Laut und verdeutlichen Sie die Artikulationsstelle mit der Hand am Hals. Demonstrieren Sie die Raum-Lage-Position des Graphems an der Tafel.

5 Schreiben Sie *G g 9 6* q auf einer Grundlinie und ungeordnet, in Handschrift und in Druckschrift an. Fragen Sie nach Ähnlichkeiten und Unterschieden.

Schreiblinien — 6 Weisen Sie LN erneut auf die rote Grundlinie hin und die Position des Kleinbuchstabens. LN üben das Graphem zusätzlich im Heft oder auf KV_ Schreiblinien. LN schreiben Groß- und Kleinbuchstaben in einer Zeile im Wechsel.

1_37 — 8 Wiederholen Sie: Welche Gemüsesorten können LN benennen? / LN spielen kleine Dialoge zu *Wie geht's?* / Welche Münzen und Geldscheine erkennen LN auf dem Foto?

1_35 — 9 Lösung: gehen, gut, Geld

1_38 — 10 Achten Sie darauf, dass LN *gehen* mit <eh> sprechen und das <h> nicht gesondert.

Bidi ↗ — 12 Nutzen Sie die Wort-/Bildkarten als Laufdiktat und verteilen Sie sie im Raum. LN suchen die Wörter, prägen sie sich ein und schreiben das, was sie sich gemerkt haben in ihr Heft. Spielen Sie auf Zeit: Wer alle vier Wörter am schnellsten richtig notiert hat, gewinnt.

1_39 — 16 LN spielen kleine Dialoge und variieren ggf. die positive und negative Antwort, z.B.: *Ja, sehr gerne. … / Nein. Tut mir leid. Ich habe keine Zeit.*

1_6 — 17–18 LN basteln Filzbuchstaben und beschäftigen sich mit Groß- und Kleinbuchstaben.

28 Fragen Sie die LN: „Wo kaufen Sie Gemüse? Wo gibt es Geldautomaten in der Nähe?" Klären Sie mit den LN den Spruch *Alles wird gut!*

Abschließend können LN die Aufgaben zum Modul im *Schreibtrainer* bearbeiten. → S. 38–41

Station 2

Lernziel und Material

LN diskriminieren die Laute [i:] und [aɪ̯] mit den dazugehörigen Graphemen <_ie> und <ei>.

Bereiten Sie Folgendes vor: KV_Station 2, Graphemkarten <_ie> und <ei>, evtl. Artikulationsbilder

1_41 — 1 Sprechen Sie die Laute mit deutlicher Mundstellung vor. LN hören und sprechen nach.

Tipp — 2 LN malen um das Graphem <ei> ein Ei (Rundung des *e* ist Teil der Form).

1_42 — LN hören, zeigen die entsprechende Graphemkarte und kreuzen an. Ggf. stoppen Sie nach jedem Wort. Im nächsten Schritt ergänzen LN das richtige Graphem.

1_43 — 3 Zeigen Sie ggf. zur Unterstützung die Graphemkarten.

1_44, Bidi ↘ — 6–7 LN hören zuerst den Track aus Aufgabe 7. Zur weiteren Unterstützung können Sie Kästchen um die Grapheme zeichnen und daneben die entsprechenden leeren Kästchen. Evtl. reicht auch ein Hinweis auf den I-Punkt zur Orientierung.

Bidi ↗ — Einzelne LN lesen laut vor. LN ergänzen anschließend im Buch.

Station 2, 1_45 — 8 LN hören Wörter und identifizieren die Laute *ie* oder *ei* und zeigen die passende Graphemkarte.

Einkaufen

1	**K k** _g ck C	kaufen, Jacke, Rock, Computer	Guten Tag. Was kostet das Kleid? Ich kaufe das Kleid.
2	**B b**	Brille, Banane, Ball, Farben	Zahlen Sie bar oder mit Karte? Ich zahle bar, bitte.
3	**P p** _b	Papier, Post, Treppe, gelb	Ich muss zur Post. Ich habe ein Paket.

Lernziele und Material

LN lernen weitere Chunks für Einkaufsdialoge und Alltagssituationen.

Bereiten Sie Folgendes vor: Poster 3, Buchstaben- und Graphemkarten, Lernwortschatzkarten, KV 1_7, 8, 9, evtl. Filzbuchstaben *K k*, Prospekte / Kataloge von Bekleidungsgeschäften, Farbtafel

Einkaufen 1

LN lernen Wortschatz zum Themenfeld „Kleidung". Sie können nach dem Preis fragen. Der Laut [k] wird präsentiert. Das Basisgraphem ist <K k>, Orthographeme sind <-g>, <ck> und <C>.

1 LN sprechen über die Situationen. Fragen Sie: „Wer ist auf den Fotos? Wo sind Nada, Mustafa, Abbas und Amira? Welche Geschäfte sind das? Was machen sie dort?" Was erkennen die LN? — Poster 3

2 Ggf. können Sie nach dem Hören nach dem Preis des Kleides fragen. Lösung: 39,-€ — 1_46

4 Präsentieren Sie das Basisgraphem und den Laut. Sprechen Sie [k] und zeigen Sie mit dem Papiertrick, wie sich das Blatt durch den Luftstrom bewegt. ➔ Artikulationsfoto, S. 126 — K k

Zeigen Sie ggf. mit den Filzbuchstaben die unterschiedlichen Längen bei Groß- und Kleinbuchstaben. Nutzen Sie dazu zwei verschiedene Farben und legen Sie die Buchstaben übereinander, den Kleinbuchstaben auf den Großbuchstaben und umgekehrt.

6 Zeigen Sie nun alle Graphemkarten (Basis- und Orthographeme). LN üben zusätzlich im Heft. — K k _g ck C

9 Lösung: Rock — 1_46

14 Weisen Sie auf den Kasten zur Auslautverhärtung hin und fragen Sie: „Was sprechen und hören Sie? Was lesen und schreiben Sie?"

16 Durch die Variation *Was kosten die Socken?* lernen LN auch die Frage im Plural zu stellen. Regen Sie an, weiteren Wortschatz zu sammeln, und variieren Sie die Frage. — 1_50

17–18 LN erweitern die Nomen-Artikel-Karten und spielen kurze Verkaufsdialoge. — 1_7

LN nutzen Prospekte von Bekleidungsgeschäften und üben die Fragen und Antworten. — Bidi ↗

20 Schreiben Sie *kostet, kaufe, das Kleid* (ohne K k) wie im Beispiel in Boxschrift an. Fragen Sie: „Wo schreibt man den Groß-, wo den Kleinbuchstaben?" LN vergleichen mit den Chunks.

26–27 LN ergänzen frei. Helfen Sie beim bestimmten Artikel im Akkusativ.

28 LN können ein Wortschatzplakat mit Abbildungen von Kleidungsstücken gestalten oder entwerfen ihre eigene Kollektion. Sie schneiden Fotos aus Prospekten aus, ergänzen Preise und nach der nächsten Lektion auch Farben. — Prospekte von Bekleidungsgeschäften

Einkaufen 2

LN lernen, an der Kasse Bezahlmöglichkeiten zu wählen und Dinge mit Farben zu beschreiben. Der Laut [b] wird präsentiert. Zielgraphem ist <B b>.

Poster 3 — 1 LN sprechen über die Situationen im Geschäft und beschreiben die Personengruppen (Mustafa / Abbas und Amira und weitere Personen an der Kasse).

1_52 — 2 Was haben LN noch verstanden? Welche Wörter und Sätze? Wer sagt was?

1_53 — 3 LN wiederholen die Chunks, fragen sich gegenseitig und variieren die Antwort *Ich zahle bar. / Ich zahle mit Karte, bitte.*

B b — 4 Sprechen („Blubbern") Sie den Laut vor und zeigen Sie das Graphem.

5 Kontrastieren Sie mit *P D 3 p q d* und *ß*.

Farbtafel — 8 Bringen Sie eine Farbtafel mit. Evtl. können LN schon einige Farben benennen. Sammeln Sie.

1_52 — 9 Lösung: Brille, Ball

15 Schreiben Sie *bar / Bar* sowie *bitte / bitten* an. Fragen Sie: „Was ist anders?"

1_56 — 16 Klären Sie *bunt = viele Farben*. LN suchen im Raum Beispiele für *bunt* sowie weitere Gegenstände in den Farben *rot* und *blau* und bilden kleine Sätze wie in den Beispielen.

1_8, 1_7 — 17–18 LN lernen weitere Farbbezeichnungen und üben damit kleine Sätze.

Erweiterung — LN beschreiben ihre Kleidung. „Meine Jacke ist …" usw. Sie können so weitere Farben einführen.

Spielen Sie: „Es ist hier im Raum und es ist … Was ist das?" LN raten.

26–27 Überlegen Sie mit den LN, welche Frage- und Antwortkombinationen möglich sind.

28 Fragen Sie: „Wo ist das?", und zeigen auf die Fotos. LN raten. Gehen LN in Baumärkte? Was kaufen sie dort?

LN suchen auf ihren Karten im Portmonee das Wort *Karte*. Wie zahlen LN in ihren Herkunftsländern? Bar oder mit Karte? Was zahlen sie bar, was mit Karte?

LN können auf dem Plakat aus *Einkaufen 1* die Farben ergänzen, die Kleidungsstücke beschreiben und über ihre Lieblingsfarben sprechen.

Einkaufen 3

LN lernen Chunks im Kontext Post. Der Laut [p] wird präsentiert. Basisgraphem ist <P p>, Orthographem ist <_b>. Das Orthographem <pp> wird in einem Lernwort präsentiert.

Poster 3 — 1 Fragen Sie: „Was glauben Sie: Worüber sprechen Mustafa und Ali? Was hat Mustafa in der Hand?" LN können kleine Dialoge spielen.

P p — 4 Präsentieren Sie den Laut und das Basisgraphem. Zeigen Sie mit einem Blatt Papier den Luftstrom bei der Aussprache von [p] ➔ Artikulationsfoto, S. 126.

5 Kontrastieren Sie mit B D b d q g.

Schreiblinien, _b — 6 Weisen Sie auf die Auslautverhärtung <_b> hin. LN üben den Groß- und Kleinbuchstaben zusätzlich im Heft oder auf KV_Schreiblinien, um die Raum-Lage-Position zu üben.

1_60 — 8 Weisen Sie auf den Kasten zur Auslautverhärtung zum Wort *gelb* hin.

1_58 — 9 Lösung: Papier, Post

12 Das vokalische *r* wird erst in Band 3 thematisiert und ist deshalb hier schwarz geschrieben.

16 Zeigen Sie, dass die Silbenbögen unter den Wörtern den Bögen in den Silbenovalen entsprechen (z. B. in Aufgabe 10 und 23). Demonstrieren Sie mit Blanko-Silbenkarten und malen Sie die Silbenbögen hinein. 1_62

17–18 LN basteln Silbenkarten, mit denen sie Wörter legen und die Betonungsmuster zuordnen. 1_9

28 Fragen Sie die LN: „Kennen Sie DHL? Wie schicken Sie Pakete? Wie bezeichnet man große und kleine Pakete? Wie viel kosten sie?" LN lesen die Preise.

Machen Sie im zweiten Foto auf die Blindenschrift aufmerksam. Haben LN die Schrift schon einmal auf einem anderen Produkt (z. B. Medikament) gesehen / erfühlt?

Abschließend können LN die Aufgaben zum Modul im *Schreibtrainer* bearbeiten. S. 42–45

Station 3

Lernziel und Material

Thema der Station ist die Auslautverhärtung. In den vorausgegangenen Lektionen wurden die LN bereits in verschiedenen Lernwörtern mit den Auslautverhärtungen konfrontiert.

Bereiten Sie Folgendes vor: KV_Station 3, Artikulationsfotos, Graphemkarten d / _d, g / _g, b / _b

1 Schreiben Sie die Grapheme und Wörter wie im Buch an die Tafel und zeigen Sie beim Hören auf den An- und Auslaut. LN zeigen beim Nachsprechen ebenfalls auf den An- bzw. Auslaut. LN hören und sprechen mehrmals nach. Wiederholen Sie mit den LN den Tipp mit dem Papier. 1_64

Ggf. erklären Sie die Unterschiede zwischen An- und Auslaut als „mit und ohne Stimme" und berühren Sie die Partie am oberen Hals. LN können mit der Hand die Unterschiede bei der Produktion der Laute erspüren. *Variante*

2 Klären Sie, dass es in dieser Aufgabe um das Hören geht. Zeichnen Sie ggf. ein großes Ohr an und darunter deutlich voneinander getrennt d / t usw., ähnlich wie im Buch. LN hören das erste Wort. Fragen Sie: „Hören Sie das oder das?", und zeigen Sie dabei auf das jeweilige Graphem. LN kreuzen den richtigen Buchstaben an. Verfahren Sie ebenso mit den anderen Wörtern. 1_65

LN hören noch einmal und zeigen dabei auf den markierten An- und Auslaut.

3 Erarbeiten Sie mit den LN bei Bedarf Wort für Wort. Fragen Sie immer: „Was hören Sie? Was schreiben Sie?" 1_66

LN markieren das Symbol *Schreiben* und die richtigen Grapheme in der Tabelle, damit die richtige Schreibung visualisiert wird. LN können die Grapheme auch in den Wörtern ergänzen. Bidi ↘ _d _g _b

6–7 LN hören zuerst den Track aus Aufgabe 7 und schreiben dann. Bidi ↘

8 LN müssen im Auslaut der Wörter das richtige Graphem zuordnen, <d> vs. <t> usw. 1_67

Klären Sie gemeinsam den Wortschatz. Je nach Kurs schreiben Sie die Wörter zunächst an und ergänzen gemeinsam an der Tafel. Wischen Sie dann die Lösung wieder weg. Station 3

Im Deutschkurs

1	**Sch** **sch**	Schokolade, Tisch, Tasche, falsch	Entschuldigung, wie schreibt man das? Schokolade schreibt man groß.
2	**Sp** **sp**	Spiel, Spaß, Sport, Anspitzer	Ich spiele gerne. Das macht Spaß.
3	**St** **st**	Buchstaben, Stuhl, Stunde, Bleistift	Ich verstehe das nicht. Stimmt das?

Lernziele und Material

LN können im Unterricht nachfragen, wenn sie etwas nicht verstehen, und sie können sagen, was sie gerne machen.

Bereiten Sie Folgendes vor: Poster 4, Buchstaben- und Graphemkarten, Artikulationsfotos, Lernwortschatzkarten, KV 1_10, 11, 12, KV_Schreiblinien, Realien (Kursmaterialien), ein großes Tuch, evtl. Buchstabenkarte <h>, Filzbuchstaben, kleine Klebezettel, ggf. Möbelprospekte, Buchstabenkekse, evtl. Chunk- und Transkriptionsstreifen, Karten mit Smileys

---

Im Deutschkurs 1

LN können erfragen, wie ein Wort geschrieben wird. Der Laut [ʃ] wird präsentiert. Zielgraphem ist <Sch sch>.

Poster 4 — 1 LN sprechen über die Situationen auf dem Foto. Fragen Sie: „Wer ist auf dem Foto? Wo sind die Personen? Was machen sie?"

Sch sch — 4 Präsentieren Sie den Laut und das Graphem. Nutzen Sie dazu das Artikulationsfoto und die Graphemkarten. Zeigen Sie, dass der Laut mit drei Buchstaben geschrieben wird. Achten Sie darauf, dass die Lippen leicht gerundet sind, um einen ch Laut zu vermeiden. „Spielen" Sie Wind.

Schreiblinien — 6 Weisen Sie LN darauf hin, beim Verbinden der Punkte des *c* keinen geschlossenen Kreis zu schreiben. LN üben zusätzlich im Heft oder auf KV_Schreiblinien und achten auf die unterschiedlichen Abstände innerhalb des Graphems und zwischen den Graphemen sowie auf das Größenverhältnis beim großen und kleinen *s*.

Erweiterung — 7 LN nutzen zusätzlich Chunk- oder Transkriptionsstreifen zum Markieren.

2_1 — 9 Lösung: Schokolade, falsch

2_4 — 10 LN lernen ein weiteres 4-silbiges Wort mit einem neuen Betonungsmuster. Ergänzen Sie wieder das Plakat.

Scho ko **la** de

2_5 — 16 LN variieren und fragen nach der Schreibweise anderer Wörter. Geben Sie ein Beispiel vor. Nehmen Sie aus den bekannten Lernwörtern eine Bildkarte und fragen sie. Evtl. können LN antworten. Dann fragen LN Sie oder andere LN.

1_10 — 17–18 LN basteln Buchstabenkarten und ordnen Groß- und Kleinbuchstaben zu.

Tipp — Sie können auch die passenden Filzbuchstaben erstellen.

h — Wenn Sie auch *sch* legen lassen wollen, können Sie aus KV_Buchstabenkarten das *h* entnehmen.

20 Zur Vorentlastung schreiben Sie leere Kästchen für <Sch> <sch> <ie> an.

26–27 LN ergänzen die Chunks frei und fragen, ob ihr Wort groß- oder kleingeschrieben wird.

28 Was glauben LN: Wo sind die Fotos gemacht? Restaurant / Café / … LN spielen eine Szene im Café und wiederholen noch einmal einen Bestelldialog.

LN suchen mindestens drei Wörter mit <Sch sch> auf Produkten in der eigenen Wohnung und machen Fotos. LN präsentieren ihre Wörter im Kurs.

Im Deutschkurs 2

LN können sagen, was sie (gerne) machen. Der Laut [ʃp] wird präsentiert. Zielgraphem ist <Sp sp>.

1 Wiederholen Sie die Lernwörter und Chunks aus *Im Deutschkurs 1*. LN überlegen mögliche Dialoge für die anderen Situationen.

2 Was spielt Nada? Spielen LN auch gerne mit den Silbenkarten? Fragen Sie im Kurs. 2_7

4 Präsentieren Sie den Laut, indem Sie die Artikulationsfotos zu [ʃ] und [p] zeigen und zuerst einzeln sprechen und dann zusammenschleifen. Zeigen Sie dann das Graphem. Sp sp

9 Lösung: Spiel, Spaß, Sport

16 LN wiederholen. Überlegen Sie gemeinsam Varianten: *Ich esse gerne … / Ich lerne gerne Deutsch. / Ich trinke gerne … / Ich schlafe gerne. / …* 2_11

17-18 LN spielen ein Satzlegspiel. Sie sagen, was sie (gerne) machen, und üben dabei die Konjugation von *machen*. 1_11

Variante

Nomenkarten liegen verdeckt auf dem Tisch. LN 1 fragt LN 2: „Was machst du gerne?" LN 2 zieht eine Karte und antwortet entsprechend. Dann fragt LN 2 LN 1.

20 Schreiben Sie auch hier leere Kästchen der einzusetzenden Grapheme an.

Erweiterung

Schreiben Sie leere Kästchen der Lernwörter an. LN erraten das Wort. Erweitern Sie ggf. und schreiben die Chunks in dieser Weise an.

27 LN ergänzen frei oder mit Beispielen aus Aufgabe 18.

28 LN suchen in ihrer Umgebung Wörter mit Sport / Spiel und machen ggf. Fotos.

Regen Sie einen Austausch zum Thema „Sport" an. Fragen Sie: „Wo gibt es Spiel- oder Sportplätze in der Umgebung? Welchen Sport machen Sie gerne?"

Erkennen LN den durchgestrichenen Hund auf dem Schild? Was bedeutet das? Erinnern Sie LN an das Foto auf S. 11.

Im Deutschkurs 3

LN können sagen, dass sie etwas nicht verstehen, und nachfragen, ob etwas richtig ist. Der Laut [ʃt] wird präsentiert. Zielgraphem ist <St st>.

1 Stellen Sie das Setting im Kursraum nach. LN spielen kleine Dialoge und wiederholen Wortschatz und Chunks der vorherigen Lektionen.

2 LN können evtl. einen kleinen Dialog zwischen Amira und Mustafa improvisieren. Oder fragen Sie: „Was denken Sie: Was machen Amira und Mustafa?" 2_13

3 LN wiederholen die Chunks mehrfach. Achten Sie darauf, dass LN die Satzmelodie richtig sprechen. 2_14

Variante Smiley-Karten — Machen Sie einen Durchgang in emotionaler Sprechweise. Verteilen Sie dazu verschiedene Smileys.

St st — 4 Präsentieren Sie den Laut wie in der vorigen Lektion beschrieben und zeigen Sie das Graphem.

2_13 — 9 Lösung: Buchstaben, Stuhl, Bleistift

16 Schreiben Sie weitere Beispiele (Lernwörter oder Wörter aus Aufgabe 13) an und lassen Sie einzelne Buchstaben weg. LN üben wie im Buch.

1_12, Realien, Tuch — 17–18 LN erstellen Nomen-/Artikelkarten zu den Kursmaterialien und spielen ein Kim-Spiel. Erklären Sie die Spielregeln und machen Sie es an einem Beispiel vor.

Bidi ↘ LN ordnen Karten (Wortseite oben) den Realien zu.

LN sortieren die Realien nach Artikel.

Variante — 27 LN ergänzen wie im Beispiel in Aufgabe 25.

LN schreiben auf kleine Zettel ein Lernwort mit Lücke (s. Aufgabe 16). LN tauschen die Zettel und schreiben die passende Antwort ins Buch.

28 LN suchen Gegenstände im Kurs mit *st sp sch* und beschriften sie (z. B. Schere, Bleistift, Tisch, Stuhl, Schwamm, Anspitzer, ...). Sie lernen damit eine Wörterlernstrategie kennen.

Klebezettel, Buchstabenkekse — Bringen Sie Buchstabenkekse mit und lassen Sie damit Wörter legen. Wer ein Wort gelegt hat, darf die Kekse essen. Oder Sie verteilen Anfangsbuchstaben und LN sagt ein passendes Wort.

Abschließend können LN die Aufgaben zum Modul im *Schreibtrainer* bearbeiten. → S. 46–49

Station 4

Lernziel und Material

LN lernen, die Laute und Grapheme zu sch / sp / st zu diskriminieren.

Bereiten Sie Folgendes vor: KV_Station 4, Artikulationsfotos, Graphemkarten, evtl. vergrößerte Kopien der Gesten (S. 85 / 8)

2_19 — 1 LN hören die Laute, sprechen mehrfach nach. LN üben die Laute über die Mundstellung auf den Fotos. Sprechen Sie zunächst gemeinsam mit den LN die einzelnen Laute. Zeigen Sie dann das Artikulationsfoto zu [ʃ] und variieren Sie: Zeigen Sie entweder das Artikulationsfoto zu [p], [t] oder keins. LN sprechen den gezeigten Laut.

2_20 — 2 Zur Vorentlastung können Sie die Grapheme <Sch sch> usw. an drei verschiedenen Orten im Raum aufhängen. Lesen Sie alle Wörter der Station vor. LN gehen zum richtigen Graphem. Anschließend arbeiten LN im Buch.

Bidi ↘ Arbeiten Sie in Aufgabe 2 und 3 Wort für Wort und zeigen Sie zur Unterstützung die Graphemkarten.

Tipp — 6 Schreiben Sie zur Unterstützung leere Kästchen und die dazugehörigen Grapheme an. LN ordnen zu und arbeiten dann im Buch.

Erweiterung — Klassenspaziergang: LN lernen einzelne Sätze auswendig, gehen herum, sprechen ihren Satz laut und finden zu Paaren zusammen. Verteilen Sie die Sätze je nach Kenntnisstand der LN.

Station 4, 2_23 — 8 LN vertiefen die akustische und visuelle Diskriminierung mit unterstützenden Gesten.

Wohnen

1	**Au au**	Aufzug, Auto, laufen, blau	Gibt es im Haus einen Aufzug? Nein, Sie müssen laufen.
2	**Ch ch _ig**	Milch, Brötchen, Küche, günstig	Haben Sie vielleicht ein bisschen Milch? Ich schaue mal in der Küche.
3	**_ch**	suchen, rauchen, Knoblauch, lachen	Rauchst du auch? Nein, ich rauche nicht.

Lernziele und Material

LN lernen verschiedene Chunks und Wortschatz zum Themenfeld Wohnen / Nachbarschaft / Hausregeln.

Bereiten Sie Folgendes vor: Poster 5, Buchstaben- und Graphemkarten, Artikulationsfotos, Lernwortschatzkarten, KV 1_13, 14, 15, Filzbuchstaben, evtl. Süßigkeiten

---

Wohnen 1

LN lernen den Chunk *Gibt es …* in Kombination mit *… im Haus einen Aufzug?* Der Laut [aʊ̯] wird präsentiert. Zielgraphem ist <Au au>.

1 Sprechen Sie über die Situationen. Fragen Sie: „Welche Personen kennen sie, welche nicht? Was denken Sie: Wo sind Anna, Mustafa, Ali und Abbas? Was machen sie? Was sprechen Sie?" — Poster 5

4 Präsentieren Sie die Artikulationsfotos zu *a* und *u* und sprechen Sie den Laut dann zusammengeschliffen mit einer Geste des Schmerzes. Zeigen Sie das Graphem. — Au au

8 Kontrastieren Sie die Darstellung auf den Fotos von *laufen* und *gehen* (S. 40). Erklären Sie, dass *laufen* auch anstatt *gehen* benutzt werden kann. Wiederholen Sie die Farben. — 2_26

9 Lösung: Aufzug, laufen — 2_24

16 LN sprechen nach und spielen kleine Dialoge wie im Beispiel. Variieren Sie mit positiver Antwort. Fragen Sie dann die LN: „Gibt es bei Ihnen im Haus einen Aufzug?" LN antworten. — 2_28

17–18 LN erstellen Graphem- und Wortkarten und vertiefen Wörter mit mehrgliedrigen Graphemen. — 1_13

LN suchen in den Lernwörtern und dem Sichtwortschatz weitere Wörter mit den Graphemen <au, ei, ie, ah, eh, oh, uh> und erstellen wie in KV 1_13c eigene Wortkarten. — Bidi ↗

28 Klären Sie ggf. *defekt*. Welche Wörter für *Aufzug* kennen LN evtl. noch? (Lift / Fahrstuhl)

Sprechen Sie über allgemeine und regionale Verabschiedungsfloskeln. Welche Floskeln kennen LN? Evtl. sprechen Sie über *Wann sagt man was?*

Regen Sie an, dass LN Verabschiedungsfloskeln in ihrer Muttersprache vorsprechen.

Wohnen 2

LN lernen Chunks, mit denen sie um etwas bitten und auf eine Bitte reagieren können. Der Laut [ç] wird präsentiert. Basisgraphem ist <Ch ch>, Orthographem ist <_ig>.

1 Wiederholen Sie. Fragen Sie: „Mit wem spricht Anna? Was glauben Sie: Was möchte die Frau? Was sagt die Frau?" LN spielen kleine Dialoge. — Poster 5

2_30 2 Regen Sie einen Austausch über die Situation an der Haustür mit der Nachbarin an: Was sagt man? Wie beginnt man das Gespräch? Fragt man direkt oder fragt man erst *Wie geht's?* LN achten im Hörtext auf die Gesprächseröffnung.

Ch ch 4 Präsentieren Sie den Laut mit einem breiten Lächeln und zeigen Sie die Graphemkarten <Ch ch>. Erinnern Sie dann an das Wort *ledig*. Schreiben Sie es an und zeigen auf <_ig>. Wiederholen Sie den Laut [ç] und zeigen auf die Endung <_ig>. Die standardsprachliche Aussprache wird hier eingeführt. Gehen Sie ggf. auf regionale Aussprachevarianten ein.

8 Achten Sie bei den LN auf die korrekte Aussprache des [ç]. Tendenziell ist hier oft [ʃ] zu hören.

Tipp Ausspracheübung: LN sprechen *ja*, sprechen dann nur den Laut *j* und dann den Laut „ohne Stimme". Ein breites Grinsen hilft bei der Aussprache. Zeigen Sie dabei auf den Hals und deuten Sie an, dass dieser Teil nicht an der Produktion des Lautes beteiligt ist.

2_30 9 Lösung: Milch, Küche

2_34 16 LN variieren und ergänzen den Chunk *Haben Sie vielleicht …?* Überlegen Sie gemeinsam, was LN ergänzen können. Sammeln Sie Beispiele und schreiben Sie sie an. Fragen Sie: „Wann sagt man *ein bisschen*, wann *ein paar*?" Evtl. geben Sie Lösungen vor. LN spielen kleine Dialoge.

Tipp
Süßigkeiten Bringen Sie Gummibärchen, Bonbons, Schokolade o. Ä. mit. Zum Abschluss der Aufgabe 16 richten LN die Frage an Sie.

1_14 17–18 LN basteln Lebensmittel-Karten und spielen Quartett. Erklären Sie die Spielweise. LN automatisieren dabei den Chunk.

28 Sprechen Sie über Lebensmittel: Was essen LN gerne? Wo kaufen LN günstig ein?

Wo kaufen LN Brot / Brötchen? Welches Brot kaufen sie? Was gibt es noch in Bäckereien?

Wohnen 3

LN lernen, Ja-/Nein-Fragen positiv und negativ zu beantworten. Sie lernen, das Negationswort *nicht* im Satz anzuwenden. Der Laut [x] wird präsentiert. Das Zielgraphem ist <_ch>.

Poster 5 1 Fragen Sie: „Was machen Ali und Abbas?" Fragen Sie je nach Kurs, ob LN rauchen.

2_37 3 LN wiederholen und beantworten die Frage individuell.

_ch 4 Präsentieren Sie den Laut auch mit einer Geste und fassen Sie sich an den Hals (siehe S. 127) und zeigen Sie das Graphem <_ch>.

Variante Sie können auch „Schnarchen" vormachen.

Erweiterung
ch _ch Evtl. machen Sie hier auf die unterschiedliche Aussprache des Graphems aufmerksam. Zeigen Sie die Graphemkarten zu <ch> und <_ch> und lassen Sie die jeweiligen Artikulationsfotos zuordnen.

5 Lesen Sie oder LN die Beispielwörter in den Zeilen 3 und 4.

6 LN schreiben zusätzlich <a, o, u, au> und das Zielgraphem. Lesen Sie oder LN die Silben vor. Ggf. können LN in Aufgabe 5 in den Wörtern <a, o, u, au> vor <_ch> markieren.

2_36 9 Lösung: rauchen, Knoblauch, lachen

2_39 10 Je nach Kurs können LN Reimwörter zu *rauchen* und *lachen* sammeln (*brauchen*, *machen*). LN sprechen und klopfen sie.

2_40 16 LN sprechen nach. LN spielen dann mit dem Sprechtempo, wiederholen die Fragen zuerst ganz langsam und dann immer schneller werdend.

Lassen Sie die Verben (*rauchst, kochst, lachst*) aufbauend wie in Aufgabe 24 lesen. *Tipp*

17–18 LN stellen Karten zu Ja-/Nein-Fragen her und legen und sprechen Fragen und Sätze. 1_15 Bidi ↗ evtl. Blankokarten

LN bilden eigene Fragen und Antworten und schreiben sie auf.

27 LN ergänzen positiv oder negativ.

28 Weisen Sie auf den ich-Laut und den ach-Laut auf den beiden Fotos hin. Fragen Sie: „Welche Sprache finden Sie noch auf dem ersten Foto? Wie heißt das in Ihrer Sprache?"

LN suchen in der Umgebung / auf dem Nachhauseweg Raucherbereich- und Rauchverbotsschilder. Fragen Sie: „Wo gibt es diese Schilder? Wo darf man rauchen, wo nicht? Wie ist es in Ihren Herkunftsländern?"

Thematisieren Sie die Hausbemalung. Fragen Sie: „Wie finden Sie das? Kennen Sie auch schöne Hausbemalungen?" LN suchen in der Umgebung nach Beispielen mit Wörtern, die sie kennen, und machen Fotos für eine Ausstellung im Kurs.

Abschließend können LN die Aufgaben zum Modul im *Schreibtrainer* bearbeiten. ➜ S. 50–53

Station 5

Lernziel und Material

LN diskriminieren die Laute [ç] und [x].

Bereiten Sie Folgendes vor: KV_Station 5, Artikulationsfotos, Graphemkarten, Bildkarten zum ich- und ach-Laut

1 LN sprechen die Laute wie abgebildet nach und wenden die Geste für [x] an. LN sprechen die Laute isoliert und im Wortkontext. Achten Sie auf die korrekte Aussprache von [ç] und üben sie. 2_42

2 Bearbeiten Sie ggf. Wort für Wort. LN nutzen die Geste zur Unterstützung und kreuzen an. LN schreiben dann das Graphem in die Beispielwörter. 2_43

3 LN hören und ergänzen Wörter mit ach-Laut. Sie markieren <_ch> in einer Farbe. LN hören und ergänzen Wörter mit ich-Laut. Sie markieren <ch> in einer anderen Farbe. 2_44

4 Heften Sie die Bildkarten zur Aussprache des ich- und ach-Lauts an die Tafel. LN hören noch einmal und sprechen die Wörter. Ergänzen Sie dann gemeinsam die Regel in Aufgabe 3. Bildkarten zu ich- und ach-Laut

Schreiben Sie *ach, och, uch, auch* und *ech, ich, eich* an. LN lesen die Silben. Machen Sie anschließend einen Durchgang, in dem Sie die Silben durcheinander präsentieren.

6 LN markieren die Laute in zwei Farben (wie in Aufgabe 3 angeregt). LN können auch die Laute in den Wörtern in Aufgabe 2 markieren.

LN hören zuerst den Track aus Aufgabe 7. Bidi ↘

7 LN hören und sprechen nach. 2_45

Verteilen Sie Satzkarten. LN suchen den Dialogpartner und sprechen kleine Dialoge.

8 LN systematisieren die Lautsprachregeln zum ich- und ach-Laut in einem Spiel. Station 5

Familie

1	**H h**	Handy, Hose, helfen, Heft	Kannst du mir helfen? Ich verstehe das nicht.
2	**ü y**	Ägypten, Müll, Schlüssel, Mütze	Wann kommst du zurück? Um fünf. Tschüss.
3	**Ü ü üh y**	Tür, Tücher, früh, Asyl	Ich bin müde. Ich muss früh aufstehen.

Lernziele und Material

LN lernen, typische Chunks im Familienalltag und die Uhrzeit anzugeben.

Bereiten Sie Folgendes vor: Poster 6, Smiley-Karten, Buchstaben- und Graphemkarten, Artikulationsfotos, Lernwortschatzkarten, KV 1_16, 17, 18, Silbenschieber und Silbenstreifen (*Aktivitäten 3*), ggf. Lernuhr, KV_Schreiblinien, evtl. Gummiband, Prospekte

---

Familie 1

LN können sagen, dass sie etwas nicht verstehen, und lernen, um Hilfe zu bitten. Der Laut **[h]** wird präsentiert. Zielgraphem ist <H h>.

Poster 6 — 1 Sprechen Sie über die Situationen, die Zimmer und die Tageszeiten. Fragen Sie: „Wo sind die Personen? Was machen sie? Wer ist die Frau bei Mustafa?" (Das ist Eman, seine Frau.)

Evtl. teilen Sie die LN in drei Gruppen (je Situationsbild) ein. LN sammeln Wortschatz, überlegen sich kleine Dialoge und spielen sie vor.

2_47 — 3 LN üben die Chunks mehrfach. Sie variieren mit unterschiedlichen Emotionen und der Sie-Form. Verteilen Sie dafür Smiley-Karten.

H h — 4 Präsentieren Sie den Laut und das Graphem. Erklären Sie, dass man den Laut kaum hört. Sprechen Sie ihn sehr leise, wie ein leises Ausatmen, und halten Sie dabei die Hand oder einen Spiegel vor den Mund. → Artikulationsfoto S. 127

n b d — 5 Kontrastieren Sie den Kleinbuchstaben mit n b d, indem Sie die jeweiligen Filzbuchstaben übereinanderlegen.

2_48 — 8 Klären Sie ggf. Smartphone / I-Phone / Handy.

2_46 — 9 Lösung: Handy, helfen, Heft

2_50 — 16 LN sprechen mehrmals nach. LN variieren den Chunk mit der Sie-Form.

Variante — Sammeln Sie Fragen: *Wie schreibt man das? / Wo ist mein Handy / mein Stift / …? / Ich verstehe das nicht. / …* LN sprechen den Chunk *Kannst du mir helfen?* und einen weiteren Satz oder Frage.

1_16, Silbenschieber — 17–18 LN erstellen weitere Graphemstreifen mit komplexeren Silben für den Silbenschieber und lesen die Silben.

19 LN üben das Lernwort *helfen* im Heft und üben dabei die korrekte Schreibung der Kleinbuchstaben <h> und <n>.

28 Sprechen Sie über das erste Foto. Wo ist das? Was bedeutet das? Sprechen Sie über Handy und Autofahren. Was ist (nicht) erlaubt? Warum? Kennen LN Plakate dazu?

Fragen Sie: „Wer hat Kinder? Wer kann erklären, was das Foto *Hausaufgaben* bedeutet?"

Familie 2

LN lernen analoge und digitale Uhrzeiten (volle Stunde). Der Kurzvokal [ʏ] wird präsentiert. Basisgraphem ist <ü>, Orthographem <y>. <Ü> wird nicht eingeführt, da es kaum vorkommt.

1 LN wiederholen Wortschatz und kleine Dialoge der vorigen Lektion. — Poster 6

2 Fragen Sie: „Was glauben Sie: Wohin will Annas Tochter Clara gehen? Was sagt Anna?" — 2_52

4 Präsentieren Sie den Laut. Sprechen Sie ein kurzes *i* und runden Sie die Lippen zum kurzen ü. Achten Sie darauf, den Laut kurz zu sprechen. Zeigen Sie jetzt die Grapheme. — ü y

6 Weisen Sie LN auf die Punkte beim <ü> und auf die Strichlänge (Unterlänge) des <y> hin.

9 Lösung: Schlüssel, Mütze — 2_52

16 LN sprechen nach. Demonstrieren Sie oder LN an einer Uhr. — 2_56, ggf. Uhr

Schreiben Sie die Zahlen 1 bis 12 an. LN variieren die Antworten zu den beiden Fragen. — *Variante*

17–18 LN stellen Karten für die Uhrzeiten her und üben die Uhrzeiten. — 1_17

Karten mit digitaler Uhrzeit und Satzkarten werden gemischt. LN ordnen zuerst die digitalen Uhrzeiten paarweise zusammen, üben Sie das ggf. mehrfach. Anschließend ergänzen LN die Satzkarten. — Bidi ↘

Im zweiten Schritt werden die Karten wieder gemischt, LN 1 liest eine Satzkarte vor, LN 2 sucht die passenden digitalen Karten, usw.

Erstellen Sie ein Plakat mit analogen und digitalen Uhrzeiten zur Kontrolle für die LN. — *Tipp*

19 LN schreiben die Wörter zusätzlich ins Heft oder auf KV_Schreiblinien, um die Ober- und Unterlängen der Lernwörter zu üben.

28 Wo ist der Zettel? Und Warum? Was vergessen LN oft? LN malen selbst kleine Erinnerungszettel, z.B. für den nächsten Einkauf, Kurstasche packen, … und zeigen sie im Kurs.

Sprechen Sie mit den LN über Mülltrennung. Kennen LN die Symbole auf den verschiedenen Mülltonnen? Simulieren Sie die Mülltrennung und ordnen Sie Gegenstände oder Abbildungen davon den verschiedenen Mülltonnen zu. Wie ist das im Herkunftsland?

Familie 3

LN können den Chunk *Ich muss …* in alltäglichen Situationen anwenden. Der Langvokal [y:] wird präsentiert. Basisgraphem ist <Ü ü>, Orthographeme sind <üh> und <y>.

1 LN sprechen über die Situation und wiederholen Wortschatz und mögliche Dialoge (evtl. in Gruppen, siehe Hinweis zu *Familie 1*). Klären Sie neuen Wortschatz, z.B. *bügeln*. — Poster 6

4 Präsentieren Sie den Laut und die Grapheme. Zeigen Sie den Laut wie in der vorigen Lektion beschrieben und deuten Sie die Länge des Vokals mit einem elastischen Band an. — Ü ü üh y, Gummiband

8 Klären Sie ggf. *früh* durch das Gegenteil *spät*. — 2_60

9 Lösung: Tür, Tücher, früh — 2_58

16 LN sprechen nach, ergänzen und variieren. LN sammeln dazu weitere Verben. — 2_62

Sammeln Sie mit LN Tätigkeiten, die man machen muss. LN 1 beginnt mit „Ich muss früh aufstehen." LN 2 wiederholt und erweitert mit einem neuen Satz. LN 3 wiederholt und erweitert, usw. — *Erweiterung*

17–18 LN erstellen Buchstabenkarten und ggf. Filzbuchstaben und legen Wörter. — 1_18, Buchstabenkarten

28 Klären Sie beim ersten Foto *müde – wach*, indem Sie die Wörter pantomimisch darstellen: gähnen vs. Augen weit aufmachen. Gehen Sie auch auf die Intonation von Frage / Antwort ein.

LN lernen eine weitere Bedeutung von Tuch / Tücher kennen. Sie können den Chunk *Hast du / Haben Sie vielleicht ein Taschentuch für mich?* einüben. Fragen Sie: *„Welche Tücher gibt es noch? Kopftücher, Handtücher, …"*

Prospekte

LN suchen in beliebigen Prospekten, Flyern u. Ä. ihnen bekannte Wörter, z. B. indem sie in einem beliebigen Prospekt alle bekannten Wörter oder die zu einem Themenfeld (Lebensmittel / Kleidung / Wohnen / …) markieren.

LN können die Wörter auch ausschneiden und ein Plakat gestalten oder sie nach gleichen Buchstaben oder Betonungsmuster untersuchen und sortieren.

Abschließend können LN die Aufgaben zum Modul im *Schreibtrainer* bearbeiten. → S. 54–57

Station 6

Lernziel und Material

LN lernen, die Zahlen bis 1000 zu benennen, zu verstehen sowie diese in Euro und Cent darzustellen.

Bereiten Sie Folgendes vor: KV_Station 6, Geldkarten (*Station 1*), 10er und 1er Karten aus Band 1

2_64

1 LN sprechen die Zahlen nach. Lassen Sie die Hunderterzahlen (100, 200, 300, …) vorwärts und rückwärts reihum nennen.

2_65

2 LN hören und ergänzen Zahlen bis 1000. LN bearbeiten die Aufgabe ggf. Zahl für Zahl.

3 LN sprechen nach. Schreiben Sie die Sprechweise wie im Buch an und demonstrieren Sie. Zeigen Sie die Sprechweise auch durch eine entsprechende Arm- und Handbewegung an.

Schreiben Sie weitere Beispiele an. LN nennen reihum die Zahlen.

2_66

4 Lösung: 176, 285, 315, 128 LN wiederholen die Zahlen.

Geldkarten

6 Zur Unterstützung legen LN die Summen mit ihren Geldkarten, benennen und zählen zusammen. Helfen Sie ggf. bei der Addition bzw. beim Zusammenzählen. LN verbinden im Buch.

Bidi ↘

LN addieren schrittweise, z. B.: 100 plus 50 sind 150, 150 plus 20 sind 170, usw. Vertauschen Sie die Reihenfolgen: 100 plus 20 sind …, usw. / 50 plus 20 sind …, usw.

LN addieren Geldschein für Geldschein, Münze für Münze, z. B. 79 Cent: 50 plus 20 gleich 70, 70 plus 5 gleich 75, usw.

Erweitern Sie ggf. die Additionsaufgaben mit eigenen Beispielen.

Station 6
10er, 1er Karten, Geldkarten
Erweiterung

8 LN schneiden 100er-Zahlen sowie die 1000er-Zahl aus, üben die Zahlenbezeichnungen und üben und vertiefen die Umsetzung der Zahlen in Euro und Cent.

Zahlendiktat: Nennen Sie oder LN eine 100er-Zahl. LN schreiben.
Je nach Kurs können Sie auch 1000er-Zahlen nennen.

LN können im *Schreibtrainer* zum Abschluss von Band 2 das *Portfolio* bearbeiten. → S. 58–63

Übungstypologie 3

1 Was sehen Sie auf dem Foto? Sprechen Sie.

Erweitern Sie erneut die mündliche Austauschphase. LN benennen die Personen, den Ort, die Gegenstände. Regen Sie an, passende Wörter und Chunks aus Band 1 und 2 zum Situationsfoto zu sammeln. Greifen Sie passende Chunks auf und lassen Sie Mini-Dialoge spielen.

3 Was hören Sie? Kreuzen Sie an und sprechen Sie nach.

Chunks auswählen

LN hören wie zuvor zwei Chunks aus dem Hörtext und sollen zwischen zwei sich ähnelnden und möglichen verschrifteten Chunks den richtigen auswählen. Für die Bearbeitung der Aufgabe helfen der bereits erworbene Sichtwortschatz sowie das Erlesen einzelner Wörter. Während des Hörens können sich LN auf einzelne Wörter konzentrieren und diese selektiv ausschließen oder mitlesen. Hören / Erlesen LN das bekannte Wort nicht im fokussierten Schriftbild des Chunks, kann über das Ausschlussverfahren der andere Chunk angekreuzt werden. In der (Mit-)Leseaufgabe versteckt sich eine Richtig-Falsch-Aufgabe.

7 Markieren Sie ... und ....

Schriftvarianten

Die geschüttelten Buchstabenreihen mit Wortgrenzen und verschiedenen Schriften aus Band 2 werden mit weiteren Schriften angereichert.

14 Lesen Sie.

Lesetext

Erstmals wird ein kurzer Lesetext präsentiert. Auf zwei bis drei Zeilen wird der Inhalt des Hörtextes zusammengefasst, fremde oder schwierige Wörter werden durch kleine Zeichnungen semantisiert. LN müssen neue Inhalte auf Satzebene (nicht die bekannten Chunks) lesen und verstehen.

Abbas ist neu in Neustadt. Er muss sich anmelden. Im Formular
sind neun Fragen. Er muss ankreuzen und unterschreiben.

15 Was ist richtig? Kreuzen Sie an.

Der Lesetext von Aufgabe 14 wird nun in Form einer Multiple Choice-Aufgabe bearbeitet. LN lesen drei Sätze und sollen entscheiden, welcher Satz / welche Sätze richtig ist / sind.

- ☐ Ali ist heute in Neustadt.
- ☐ Das Formular hat neun Fragen.
- ☐ Er muss ankreuzen und unterschreiben.

Tipp

Lesen Sie gemeinsam den ersten Satz. Fragen Sie: „Ja? Nein?" Suchen Sie Schlüsselwörter aus dem ersten Satz, z. B. *Neustadt*. Lassen Sie das Wort oder die Wörter in Aufgabe 14 suchen. LN gleichen anschließend den ganzen Satz ab.

16 Hören Sie. Sprechen Sie nach.

Chunks automatisieren

LN sprechen wie bekannt einen oder beide Chunks der Lektion nach. Neu ist, dass in Band 3 zunehmend Varianten der Chunks präsentiert und dazu passende Fragen und / oder Antworten aus dem Hörtext ergänzt, gehört und nachgesprochen werden.

20 Als Erweiterung der bisherigen Aufgabe werden einzelne Wörter aus den Chunks aufgegriffen und vertieft. Dabei wird der Aufbau eines Sichtwortschatzes gefördert. Die bekannte Boxschrift, welche die Raum-Lage-Position visualisiert, wird nun in drei neuen Übungen bearbeitet.

Variante 1 **Welches Wort passt? Schreiben Sie.**

LN ergänzen ganze Wörter im Satzkontext. Die möglichen Wörter sind über den Chunks angegeben. Für die richtige Zuordnung helfen die Boxgröße und die Buchstabenanzahl. Diese Übung ist die Erweiterung zur ehemaligen Aufgabe 20.

ankreuzen | Ich | muss | neu

Ich bin ☐☐☐ hier.

Wo ☐☐☐☐ ich ☐☐☐☐☐☐☐☐☐?

Variante 2 **Welches Wort passt? Kreuzen Sie an und schreiben Sie.**

Die Aufgabe ist den LN in ähnlicher Form bereits aus Aufgabe 15 (Band 1-2) bekannt. LN gleichen ein in Boxschrift dargestelltes Wort mit zwei möglichen Lösungswörtern ab. Durch genaues Überprüfen der Wörter, Buchstaben und Kästchen kann das Lösungswort identifiziert werden.

Ich bin im ☐☐☐☐ geboren.	☒ Juni	☐ Juli
Und in welchem ☐☐☐☐?	☐ Junge	☐ Jahr

Variante 3 **Welches Wort passt? Verbinden Sie und schreiben Sie.**

Die vier Lernwörter sollen den vorgegebenen leeren Boxschriften zugeordnet werden, wodurch der Übungstyp 1 von Aufgabe 13 erweitert wird. LN wenden zur Bearbeitung Strategien an, die zum Worterkennen wichtig sind: Anzahl und Größe der Kästchen und Buchstaben. Nach der Zuordnung der Boxschrift, schreiben LN die Wörter, wobei sie die Boxschriftrahmen unterstützen.

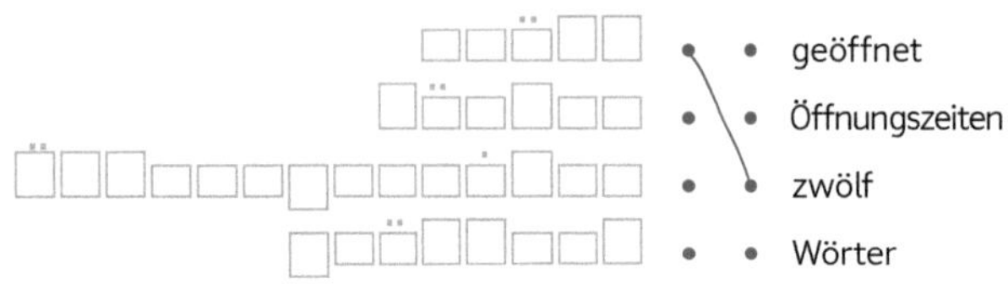

24 **Hören Sie. Lesen Sie.**

Das aufbauende Lesen wird nun auf Satzebene unter Anleitung eines Hörtextes trainiert. Dabei basiert die Aussprache auf dem Satz als Ganzen. Die Aussprache der einzelnen Wörter orientiert sich am Satzbetonungsmuster. Da Unterschiede in der Realisierung möglich sind, verwenden Sie zur Unterstützung die passende Audiodatei.

Ich	Wo
Ich bin	Wo muss
Ich bin neu	Wo muss ich
Ich bin neu hier.	Wo muss ich ankreuzen?

Tipp Chunkstreifen Bidi ↗

LN falten die Chunks wortweise vom Satzende beginnend zusammen. LN öffnen die Streifen Wort für Wort und lesen die bekannten Chunks aufbauend. Wiederholen Sie zudem die Satzmelodie und lassen Sie LN dazu die typische Handbewegung machen.

LN malen die Melodiekurve unter die Chunks. Identifizieren und markieren Sie mit den LN den Satzakzent.

Anmeldung

1	Eu eu Äu äu	neu, Häuser, Kreuz, heute	Ich bin neu hier. Wo muss ich ankreuzen?
2	J j Y y	jetzt, Yoga, Junge, Jahr	Ich bin im Juni geboren. Und in welchem Jahr?
3	Ö ö	geöffnet, Öffnungszeiten, zwölf, Wörter	Können Sie mir helfen? Ich möchte zum Bürgerbüro.

Bevor Sie mit der ersten Lektion in *Hier! Alpha 3* beginnen, blättern Sie mit den LN im neuen Kursbuch durch die erste Lektion. Fragen Sie: „Was ist auf der ersten Seite anders? Was ist auf den anderen Seiten neu?" Gehen Sie auf den jeweiligen Seiten noch einmal auf die Veränderungen ein. ➔ *Übungstypologie 3*

Lernziele und Material

LN lernen, im Kontext Behörde / Formular Angaben zur Person zu machen sowie um Hilfe zu bitten.

Bereiten Sie Folgendes vor: Poster 1, Buchstaben- und Graphemkarten, Artikulationsfotos online zu *Hier! Vorkurs*, Chunkstreifen, Lernwortschatzkarten, KV 1_1, 2, 3, Satzstreifen für die Aufgaben 3, Prospekte, Lesetexte (Aufgabe 14) als Satzstreifen (unterschiedlich farbiges Papier für die jeweiligen Gruppen), Blanko-Silbenkarten

---

Anmeldung 1

LN lernen die Chunks *Ich bin neu hier.* und *Wo muss ich ankreuzen?* Der Laut [ɔɪ̯] wird präsentiert. Das Basisgraphem ist <Eu eu>, Orthographem ist <Äu äu>.

1 Fragen Sie: „Wo sind Ali, Nada und Abbas? Was glauben Sie: Was macht Ali, was machen Nada und Abbas? Was sagen sie?" — Poster 1

2 Was haben LN verstanden? Sammeln Sie Wortschatz und Sätze. — 1_1

3 In der ersten Lektion ist zur Vorentlastung eine Lösung vorgegeben, sodass LN nur noch einen weiteren Chunk identifizieren müssen. — Neu! 1_2

Sie können zur zusätzlichen Unterstützung alle vier Chunks auf Papierstreifen schreiben, wie im Buch anordnen und den Streifen *Ich bin verheiratet.* umdrehen oder an die Seite legen. — Chunkstreifen erweitert
LN konzentrieren sich auf die Chunks auf der rechten Seite. Weisen Sie ggf. auf die drei gleichen ersten Wörter hin. Unterteilen Sie die Chunks: Markieren Sie, was gleich ist. LN fokussieren dann nur den Teil, der verschieden ist.

Zeigen Sie beim Hören auf die vorgegebene Lösung und auf die zu unterscheidenden Wörter. LN hören ggf. mehrfach und fahren beim Nachsprechen die Melodiekurve nach.

4 Präsentieren Sie den Diphtong. Nutzen Sie dazu die Laut-Buchstaben-Tabelle auf S. 126 oder die Artikulationsfotos. Zeigen Sie zuerst das Basisgraphem und sprechen den Laut. Demonstrieren Sie die Mundbewegung von [ɔ] zu [ɪ] erst langsam, dann schneller und gehen Sie dann ins Buch. — Eu eu

5 LN markieren zuerst das Basisgraphem und dann das Orthographem.

8 Zeigen Sie die Fotos und fragen Sie z. B.: „Ist das Sofa alt oder neu? Ein Haus. Viele …?" Zeigen Sie in der Arbeitsanweisung in Aufgabe 9 auf das „Kreuz" und thematisieren *Kreuz* und *ankreuzen* = ein Kreuz machen. Fragen Sie dann: „Welcher Tag ist heute? / Ist heute der 29.?" — Lernwortschatz-Karten 1_3

1_1 — 9 Lösung: neu, Kreuz

Bidi ↗ — 13 LN schreiben die Buchstaben der Wörter auf kleine Zettel. LN 1 diktiert ein Lernwort, LN 2 legt und umgekehrt.

Neu! — 14 Sprechen Sie mit den LN über die neuen Aufgaben 14 und 15. Lesen Sie die Sätze vor und fragen nach der Einstiegssituation. LN entdecken selbst die Funktion des Textes.

Bidi ↘ — Erklären Sie, dass der Text die Situation auf der Einstiegssituation zusammenfasst. Weisen Sie die LN auch darauf hin, dass die kleinen Zeichnungen neben den neuen oder schwierigen Wörtern zur Erklärung und Unterstützung dienen.

Poster 1, Ggf. 1_1 — Wiederholen Sie die Einstiegssituation. Fragen Sie: „Wo ist Abbas? Warum? Was muss er machen?" LN suchen bekannte Wörter in den Sätzen und lesen sie. Begleiten Sie das parallel an der Tafel. LN können alle bekannten Wörter markieren und zeigen, welche Wörter sie nicht erlesen können. Schreiben Sie diese Wörter an. Fragen Sie LN nach Wortteilen / Silben, die sie erkennen, z. B. Neu stadt. Schreiben Sie die unbekannten Wörter in Silben an, sodass LN sie besser erlesen können.

Neu! — 15 Erklären Sie nun die neue Aufgabe und machen Sie deutlich, dass es um den Lesetext in Aufgabe 14 geht. Lesen Sie oder LN den ersten Satz vor. Fragen Sie: „Ist das richtig?" usw.

Bidi ↘, Lesetext in Satzstreifen — Kopieren Sie den Text aus Aufgabe 14, zerschneiden ihn satzweise und legen die Sätze neben die Sätze in Aufgabe 15. Fragen Sie: „Was ist gleich? Was ist anders?"

1_5 — 16 LN sprechen nach und spielen kleine Dialoge. Erweitern Sie mit der Chunk-Variante: „Wo muss ich unterschreiben?" LN antworten: „Unterschreiben Sie hier."

Tipp — Nutzen Sie dazu ein beliebiges Formular mit Ankreuzmöglichkeiten und einer Unterschriftenlinie.

1_1 — 17–18 LN erstellen Wort- und Diphtongkarten und üben Wörter und Sätze.

Neu! — 20 Es gibt in jedem Modul drei Varianten dieser Aufgabe. In jeder ersten Lektion schreiben LN Lernwörter und Wörter aus den Chunks in die leeren Boxschrift-Kästchen.

Bidi ↘ — LN zeichnen mit Bleistift Kästchen um die einzelnen Buchstaben der einzusetzenden Wörter und vergleichen mit der Boxschrift im Buch.

Blanko-Silbenkarten — 23 LN können passende Silbenkarten erstellen und die Wörter legen. LN lesen die Wörter und klopfen oder klatschen anschließend.

Neu!, 1_6 — 24 LN hören und lesen die Wörter der Chunks. Achten Sie auf die richtige Melodie bei Frage und Aussagesatz. Die entsprechende Betonung wird Stück für Stück aufgebaut. Danach können LN den Satz noch einmal hören und die Melodiekurve mit der Hand begleiten.

Variante — LN lesen die Chunks in Gruppen. Anzahl der LN = Anzahl der Wörter im Chunk oder LN 1 beginnt mit Wort 1, LN 2 liest Zeile 2, usw. Dann beginnt LN 2 mit Wort 1, LN 3 liest Zeile 2, usw., bis jede/r LN einmal begonnen hat.

Neu! — 25 LN ergänzen Wörter und Grapheme in Sätzen aus dem Lesetext in Aufgabe 14.

Bidi ↘, Laufdiktat — Schreiben Sie die Lösungssätze auf ein DIN A4-Blatt und hängen es an eine gut zugängliche Stelle im Kursraum auf. Gestalten Sie das Blatt wie im Buch (gepunktete Linien, Boxschrift, …). LN gehen mehrfach hin, lesen einen Satz und schreiben ihn dann an ihrem Platz ins Buch.

Prospekte, Zeitungen — 28 LN suchen in ihrer Umgebung / in Prospekten und Stadtteilzeitungen das Wort *Neu / neu* und Wortkombinationen damit und bringen Beispiele mit. Sprechen Sie auch darüber, was neu in der Stadt, in der Institution, im Kurs, … ist.

Anmeldung 2

LN lernen Monate und Jahreszeiten zu benennen und anzugeben, in welchem Monat sie geboren wurden. Der Laut [j] wird präsentiert. Das Basisgraphem ist <J j>, Orthographem ist <Y y>.

1 Wiederholen Sie die Situation / die Chunks aus der vorherigen Lektion. Fragen Sie dann: „Warum spricht Ali mit der Frau? Warum spricht Nada mit der Frau?" Sammeln Sie Ideen. — Poster 1

2 LN vergleichen mit ihren Ideen. — 1_7

3 LN markieren vor dem Hören die Wörter in den Chunks, die gleich sind. — *Tipp*

LN konzentrieren sich beim Hören auf das nicht markierte Wort. Evtl. teilen Sie LN in zwei Gruppen auf. Eine Gruppe hört, was Nada sagt, die andere, was die Angestellte sagt. — 1_8

4 Präsentieren Sie den Laut und das Basisgraphem. Nutzen Sie dazu das Artikulationsfoto auf Seite 126. Zeigen Sie dann das Orthographem und thematisieren Sie die unterschiedlichen Laute von <Y y>. — J j Y y

5 Schreiben Sie die Kleinbuchstaben von <j> und <i> in korrekter Raum-Lage-Position an. LN zeigen Unterschiede und Gemeinsamkeiten.

LN schreiben Wörter ins Heft und suchen weitere Wörter mit <J j> und <Y y>, evtl. Namen der LN. — Bidi ↗

6 Weisen Sie LN darauf hin, den Punkt beim Kleinbuchstaben *j* zu beachten.

LN nutzen die Kopiervorlage, um Größenverhältnisse der Groß- und Kleinbuchstaben zu üben. — Schreiblinien

8 Um *jetzt* zu semantisieren, fragen Sie: „Wie spät ist es jetzt?", und zeigen auf Ihre Uhr oder Ihr Smartphone. Sagen Sie: „Es ist jetzt …" Sprechen Sie über Yoga. Vielleicht gibt es LN, die Yoga machen. Klären Sie *Junge* über das Wortpaar *Junge – Mädchen*. — 1_9

9 Lösung: jetzt, Jahr — 1_7

14 Wiederholen Sie die Einstiegssituation und den Wortschatz. LN markieren bekannte Wörter im Lesetext und lesen sie. Unbekannte Wörter erschließen LN evtl. aus dem Kontext. Fragen Sie: „Ein Formular …?", ergänzen Sie „… ausfüllen" und zeigen eine Geste für Schreiben. Präsentieren Sie dann das Wort wie in Band 2, Aufgabe 24 zum aufbauenden Lesen: au – aus – ausf – ausfü – usw. Achten Sie darauf, die Laute so zu sprechen, wie sie im Wortganzen vorkommen. — *Tipp*

Lesen Sie gemeinsam den Text laut. Einzelne LN lesen den Text vor.

15 LN oder Sie lesen Satz 1. Fragen Sie: „Ist das richtig?" Wenn möglich, geben LN die korrekte Antwort, z. B. „Nada ist im **Juni** 1970 geboren."

LN legen Satzstreifen aus Aufgabe 14 neben die Sätze und vergleichen. — Bidi ↘ Lesetext in Satzstreifen

16 LN wiederholen die Frage und antworten mit den drei Varianten *im Juni / im Juli / im Januar*. — 1_11

17–18 LN erstellen ein Quartett und üben die Monatsnamen. — 1_2

20 In jeder zweiten Lektion eines Moduls ergänzen LN in den Chunks je ein Lernwort. — Neu!

Wiederholen Sie die Chunks. LN lesen den ersten Chunk und ergänzen mündlich. Zeigen Sie auf die beiden Auswahlmöglichkeiten und die vorgegebene Lösung. LN schreiben das Wort.

LN lesen den zweiten Chunk und ergänzen das fehlende Wort mündlich. Zeigen Sie auf die Wörter und fragen Sie: „Wo steht Jahr?" LN demonstrieren ihren Lösungsweg (Anzahl / Größe der Kästchen). Ggf. zeichnen LN Kästchen um die Buchstaben der Auswahlwörter.

1_12 24 LN lesen gemeinsam. Variieren Sie das Tempo. LN lesen langsam, schnell.

Dirigieren Sie dann das Tempo, indem Sie langsamer, schneller werdend auf die Wörter zeigen.

26 Der Lektionschunk *Wann sind Sie geboren?* Wird nun in der Du-Form präsentiert und von den LN mit dem Personalpronomen ergänzt.

27 LN schreiben nach und ergänzen ihren Geburtsmonat.

Erweiterung LN befragen sich reihum oder in Partnerarbeit nach ihrem Geburtsmonat und schreiben ggf. kleine Sätze ins Heft: *Ich bin im … geboren. / … ist im … geboren.*

28 Sprechen Sie mit den LN über Sportaktivitäten und Vereine. Fragen Sie: „Welchen Sport machen Sie? Wo?“ Welche Vereine kennen LN evtl. über die Sportaktivitäten ihrer Kinder? Weisen Sie LN darauf hin, dass Vereine die Möglichkeit bieten, Kontakte zu knüpfen und Deutschkenntnisse zu verbessern. Recherchieren Sie oder LN Sportangebote in Ihrer Stadt und erstellen ein Infoplakat.

LN können einen Geburtstagskalender für den Kurs gestalten.

Anmeldung 3

LN lernen, einen Passant / eine Passantin auf der Straße nach einem Ort zu fragen. Der Kurzvokal [œ] wird präsentiert. Das Zielgraphem ist <Ö ö>.

Poster 1 1 LN wiederholen Wortschatz und Chunks der vorherigen Lektionen und spielen ggf. kleine Dialoge. Überlegen Sie gemeinsam, warum Ali mit der Frau spricht, wohin er vielleicht möchte. Klären Sie, dass *Bürgeramt* und *Bürgerbüro* unterschiedliche Bezeichnungen für die gleiche Institution sind.

Ö ö 4 Präsentieren Sie den Laut. Sprechen Sie ein kurzes *e* und runden Sie die Lippen zum kurzen *ö*. Achten Sie darauf, den Laut kurz zu sprechen. Zeigen Sie jetzt das Graphem. Nutzen Sie dazu auch das Artikulationsfoto.

1_13/1_15 8 Zur Semantisierung der Lernwörter *geöffnet / Öffnungszeiten* können Sie noch einmal den Einstiegsdialog hören. Fragen Sie: „Wann kann Ali zum Bürgerbüro gehen? Wann ist das Büro geöffnet?“ Schreiben Sie die Öffnungszeiten an. Hören Sie dann die Lernwörter. LN sprechen nach.

1_13 9 Lösung: geöffnet, Öffnungszeiten, zwölf

Erweiterung 13 LN können Wörter der Wortschlange neu kombinieren und neue Wortschlangen erstellen.

Bidi ↗ LN können Lernwörter der vorherigen Lektionen ebenfalls dazu nutzen sowie die Wörter *möchte / Löffel* aus Aufgabe 5.

Lesetext in Einzelwörtern 14 Schneiden Sie oder LN für jede Gruppe eine vergrößerte Kopie des Lesetextes Wort für Wort auseinander. Wörter liegen vermischt auf dem Tisch. Lesen Sie den Text vor. LN legen die Wörter in die richtige Reihenfolge. Dann liest LN 1 vor, die anderen legen die Wörter, usw.

15 Lesen Sie oder LN die Sätze nacheinander. Klären Sie ggf. den Wortschatz.

1_17 16 LN sprechen nach und spielen kleine Dialoge. LN überlegen verschiedene Antworten, z. B. „Nein. Tut mir leid. / Nein, leider nicht. / Ja, gerne. / …“

1_3 17–18 LN üben W-Fragen zur eigenen Person und ihre Beantwortung mit persönlichen Angaben.

Erweiterung LN spielen Situationen auf dem Amt nach.

Tipp Wiederholen Sie die Fragen und Antworten zu den persönlichen Angaben in regelmäßigen Abständen mündlich. Zur Unterstützung können Sie die KV 1_3b im Kursraum aufhängen.

20 In der dritten Lektion eines jeden Moduls ordnen LN die Lernwörter den passenden Boxschriften zu und schreiben sie. — Neu!

Wiederholen Sie oder LN noch einmal Lösungswege: Anzahl der Buchstaben / Größe und Position der Kästchen / i- bzw. Umlautpunkte, Kästchen um die Wörter zeichnen.

23 Erstellen Sie selbst Silbenkarten und lassen die Vokale weg. Variieren Sie je nach Kurs. Lassen Sie entweder alle Vokale oder nur das Zielgraphem weg. — Bidi ↗ Silbenkarten

24 Schreiben Sie eine Variante an: statt „Ich" „Ali" und statt „Rathaus" „Bürgerbüro". — *Variante*

26–27 LN schreiben und ergänzen die Chunks und variieren *Rathaus* oder *Bürgerbüro*.

28 LN können die Öffnungszeiten des Büros in ihrer Institution suchen und notieren.

Wiederholen Sie am Ende eines Moduls die Lernwörter und Chunks. LN spielen kleine Dialoge. — Poster 1

Abschließend können LN die Aufgaben zum Modul im *Schreibtrainer* bearbeiten. → S. 64–67

Station 1

Lernziel und Material

LN vertiefen Monate und Jahreszeiten und lernen die Ordinalzahlen bis 31.

Bereiten Sie Folgendes vor: KV_Station 1, evtl. Quartett (KV 1_2), evtl. Jahreskalender

1 Wiederholen Sie die Monate zunächst ohne Buch. LN sprechen mehrfach reihum. Fragen Sie dann: „Welche Monate gehören zum Frühling?" usw. LN schreiben im Buch nach.

Verteilen Sie die Quartettkarten (KV 1_2). LN stellen sich der Reihe nach auf und sprechen die Monate reihum. Fragen Sie dann: „Welche Monate gehören zum Frühling?" Usw. — *Variante* 1_2

2 Schreiben Sie die Datumsangabe *5. März* sowie den Satz *Heute ist der fünfte März.* an die Tafel. LN hören die Datumsangabe und die Ordinalzahlen und sprechen mehrfach nach. — 1_19

3 Fragen Sie: „Welcher Tag ist heute?" Schreiben Sie das aktuelle Datum mit dem Satz an. LN sprechen den kompletten Satz. Nutzen Sie ggf. dazu das Kursplakat (siehe *Erste Stunde*).

4 LN schreiben in drei unterschiedlichen Farben nach: die Ordinalzahlen *erste / dritte / siebte / achte* sowie *_te* und *_ste*. — *Tipp*

5 Lösung: 25. Juni, 1. April, 7. Mai — 1_20

6 LN hören und sprechen nach. Schreiben Sie Frage und Antwort an, evtl. unter Frage und Antwort zum aktuellen Datum und kontrastieren Sie _te / _ste und _ten. — 1_21

7 LN hören ggf. mehrfach mit Pause nach einem Dialog und kreuzen an. — 1_22

8 LN fragen sich zunächst reihum *Wann hast du Geburtstag?* und stellen sich dann in einer Reihe nach ihrem Geburtstag auf, zuerst nach dem Monat und anschließend nach dem Tag. — Station 1

LN üben zusätzlich die Frage *Wann haben Sie Geburtstag?* Schreiben Sie dazu *Wann hast du Geburtstag?* an. Ersetzen Sie **du** durch **Sie** und fragen Sie: „Ist das richtig?" LN nennen die richtige Verbform und fragen dann reihum. — *Erweiterung*

Beim Arzt

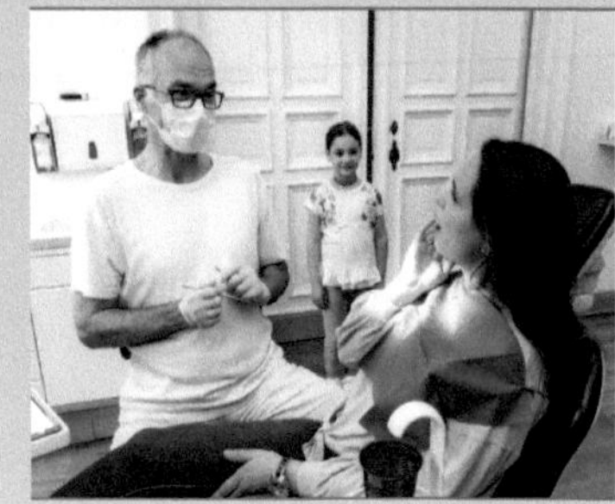

1	**Ö ö** **öh**	Söhne, schön, hören, Französisch	Gehört Ihnen die Tasche? Ja. Danke schön.
2	**Z z** **tz ts ds**	Zähne, putzen, rechts, zeigen	Wo haben Sie Schmerzen? Können Sie mir das zeigen?
3	**chs** **X x** **gs ks**	vormittags, sechs, Praxis, links	Können Sie vormittags kommen? Besser nachmittags.

Lernziele und Material

LN lernen, weitere Chunks und Wortschatz zum Themenfeld Arzt / Wartezimmer.

Bereiten Sie Folgendes vor: Poster 2, Buchstaben- und Graphemkarten, Gummiband o. Ä., Artikulationsfotos online zu *Hier! Vorkurs*, Lernwortschatzkarten, Chunkstreifen, KV 1_4, 5, 6, Würfel, Prospekte, Tageszeitung, ggf. Lesetexte in Satzstreifen für Aufgabe 14.

Beim Arzt 1

LN lernen, eine Person auf etwas hinzuweisen, das sie vergessen hat, und sich dafür zu bedanken. Der Langvokal [øː] wird präsentiert. Das Basisgraphem ist <Ö ö>, Orthographem ist <öh>.

Poster 2

1 Sprechen Sie über die verschiedenen Räume in einer Arztpraxis und über verschiedene Ärzte. Was erkennen die LN? Sammeln Sie Wortschatz und Chunks.

Wiederholen Sie den Wortschatz und die Chunks aus dem Modul *Beim Arzt* in *Hier! Alpha 1*. Spielen und erweitern Sie die Dialoge.

1_24

3 LN sprechen nach und spielen zu zweit den kleinen Dialog.

Ö ö öh

4 Präsentieren Sie den Laut und die Grapheme. Zeigen Sie den Laut wie in der vorherigen Lektion beschrieben und deuten Sie die Länge des Vokals mit einem elastischen Gummiband an.

Variante

LN sprechen zuerst *o*. Holen Sie dann den Laut nach vorn zu *ö*. Ziehen Sie dabei Ihre Hand vom Mund weg.

1_23

9 Lösung: schön, hören

14 Erinnern Sie zu Beginn an die Einstiegssituation. LN erzählen und lesen dann.

Nutzen Sie ggf. wieder das aufbauende Lesen für die unbekannten Wörter.

1_27

16 LN sprechen nach und spielen dann die Situationen im Kursraum mit verschiedenen Gegenständen nach.

1_4

17–18 LN erstellen Singular- und Pluralkarten und üben die Umlautveränderung.

Variante
Chunkstreifen

24 LN falten die Chunkstreifen wortweise vom Satzende beginnend zusammen, öffnen sie Wort für Wort und lesen sie. ➔ *Übungstypologie 3*

28 Evtl. kennen LN *Die Sendung mit der Maus* durch ihre Kinder. Wenn ein Internetzugang vorhanden ist, zeigen Sie ein Video.

Prospekte, Tageszeitungen

LN suchen in Prospekten und Tageszeitungen Wörter mit <Ö ö> und markieren sie. LN zählen, wie viele Wörter sie gefunden haben.

Beim Arzt 2

LN lernen, weitere Krankheiten zu benennen und auf Fragen von Ärzten zur Lokalisierung von Beschwerden zu reagieren. Der Laut [ts] wird präsentiert. Das Basisgraphem ist <Z z>, Orthographeme sind <tz>, <ts>, <ds>.

1 Fragen Sie: „Was denken Sie? Welche Situation kommt jetzt?" — Poster 2

2 Sprechen Sie nach dem Hören über Besuche beim Zahnarzt. LN berichten über ihre Erfahrungen. — 1_29

3 LN sprechen nach und spielen kleine Dialoge. LN nutzen dazu die Antwort *Ja. Hier.* und zeigen dabei im Gesicht auf mögliche schmerzende Zähne. — 1_30

4 Präsentieren Sie den Laut. Zeigen Sie die Artikulationsfotos. Sprechen Sie die Laute [t] und [s] einzeln und langsam, dann schneller und zusammengeschliffen. Zeigen Sie dann Basis- und Orthographeme. — Z z tz ts ds

5 Beginnen Sie mit <Z>. Zeigen Sie das Graphem und wiederholen Sie den Laut. LN markieren. Zur Kontrolle zählen LN, wie oft das Graphem vorkommt. Kontrastieren Sie <z> und <tz>. Machen Sie dann in der Reihenfolge wie im Buch weiter und wiederholen Sie das Vorgehen. — Bidi ↘

Kontrastieren Sie <Z> mit 7, 2 und <S>.

6 Achten Sie darauf, dass LN <Z z> nicht gerundet schreiben und die unterschiedliche Größe berücksichtigen.

9 Lösung: Zähne, rechts, zeigen — 1_29

12 LN können Wörter zusätzlich ins Heft schreiben, da alle Grapheme bekannt sind. LN nutzen dazu die Bildkarten der Lernwörter und zur Kontrolle die Wortkarten. — Lernwortschatzkarten Bidi ↗

14 Vor dem Lesen markieren LN im Lesetext die Chunks der Lektion. Nutzen Sie dazu ggf. die Chunkstreifen. LN markieren ebenfalls das Lernwort *rechts*. — Chunkstreifen

16 LN können den Dialog in Gruppen sprechen. Eine Gruppe spricht Sibels Sätze, die andere die Sätze des Zahnarztes. — 1_33

17–18 LN üben in kleinen Dialogen, Schmerzen zu benennen, und wiederholen dabei Körperteile. — 1_5

23 Nennen Sie die erste Silbe eines Wortes. LN ergänzen mündlich und verbinden im Buch.

28 LN erstellen einen Wortigel zum Wort *Zahn*. Demonstrieren Sie die Vorgehensweise. Schreiben Sie das Wort mittig an die Tafel, umkreisen es und zeichnen die Strahlen dazu. Geben Sie einige Beispiele vor: *Zahnbürste, Zahnschmerzen, …* LN arbeiten in Gruppen und sammeln weitere Wörter zu *Zahn*. LN schreiben die Wörter auf das Plakat, suchen ggf. Bilder oder zeichnen.

Hat jemand einen Tipp für einen Zahnarzt / eine Zahnärztin, der/die die Muttersprache spricht?

Beim Arzt 3

LN lernen, die Tageszeiten zu benennen und sie in verschiedenen Situationen zu nutzen. Der Laut [ks] wird präsentiert. Basisgraphem ist <chs>, Orthographeme sind <X x>, <gs>, <ks>.

1 Sprechen Sie über die dargestellte Situation auf dem zweiten Foto. Fragen Sie: „Wo ist die Frau? Was macht sie? Was sagt sie?" LN sammeln Ideen. — Poster 2

2 Was haben LN verstanden? Fragen Sie: „Mit wem spricht die Frau? Bekommt Ali einen Termin?" — 1_35

4 Präsentieren Sie den Laut und die Grapheme. Nutzen Sie dazu die Artikulationsfotos auf S. 126. Sprechen Sie die Laute [k] und [s] einzeln, langsam und schneller werdend zusammengeschliffen. — chs X x gs ks

Schreiblinien — 6 LN nutzen Heft oder Kopiervorlage, um das Schreiben der Grapheme zu vertiefen.

1_35 — 9 Lösung: vormittags, sechs, Praxis

Erweiterung — 16 LN stellen die Fragen reihum und antworten mit dem „Gegenteil". LN 1 fragt: „Können Sie vormittags kommen?", LN 2 antwortet: „Besser nachmittags." usw.

LN spielen *Termine machen*. Sagen Sie: „Praxis Dr. … Guten Tag", und lassen LN darauf reagieren. LN entwickeln kleine Dialoge.

1_6
Würfel — 17–18 LN machen ein Würfelspiel und üben Frage- und Antwortsätze zu Aktivitäten und Tageszeitangaben.

Erweiterung
Spielkarten in Satzstreifen — Klassenspaziergang: Schneiden Sie Satzstreifen beider Spielkarten auseinander, je nach Kursstärke eine Spielkarte doppelt. Jede/r LN bekommt einen Satzstreifen. LN fragen sich gegenseitig und finden sich in Paaren zusammen. LN 1 fragt: „Was machst du?" LN 2 antwortet z. B.: „Ich mache Sport."

28 LN erstellen ein Plakat mit den Chunkstreifen zum Thema *Beim Arzt*, evtl. aufgeteilt nach Situationen: Termin machen / im Wartezimmer / im Sprechzimmer / nach Krankmeldung fragen / evtl. ein Taxi rufen / …

Abschließend können LN im *Schreibtrainer* die Aufgaben zum Modul bearbeiten. ➔ S. 68–71

Station 2

Lernziel und Material

LN differenzieren ähnlich klingende Vokale und lernen Tricks, diese korrekt zu bilden.

Bereiten Sie Folgendes vor: KV_Station 2, Würfel, evtl. Chunk-Streifen (siehe Aufgabe 6)

1_41 — 1 LN hören die Laute zunächst einzeln und dann verbunden gesprochen, um die Mundbewegung deutlich zu machen. Sie differenzieren zwischen *e, ö, i, ü:* [eː] – [øː], [ɛ] – [oe], [iː] – [yː], [ɪ] – [ʏ].

Tipp — LN sprechen jeweils nach, indem sie nur die Stellung der Lippen verändern (von breiten zu gerundeten Lippen) und dabei den Mund nach vorne ziehen (s. Zeichnung). LN üben mehrfach.

1_42 — 2 LN hören die Wörter und kreuzen den richtigen Vokal an.

Bidi ↘ — Stoppen sie ggf. nach jedem Wort. Schreiben Sie zur Unterstützung die Grapheme eines Lautes jeweils auf eine Karte Zeigen Sie beide Karten. Fragen Sie: „Hören Sie das oder das?"

Bidi ↗ — Stärkere LN ergänzen das korrekte Graphem.

1_43 — 3 LN sagen, welchen Vokal sie hören, und kreuzen an. Gehen Sie ähnlich wie in Aufgabe 2 vor.

Bidi ↗ — 5–6 LN bearbeiten die Aufgaben selbstständig.

1_44 — 6–7 LN ergänzen Zielgrapheme in Chunks aus allen Bänden und sprechen sie nach.

LN lesen die Chunks abwechselnd zu zweit.

Station 2
Würfel — 8 LN basteln Graphemkarten und üben spielerisch die Aussprache der Laute der Station.

Wohnen

1	**_ng**	Wohnung, Zeitung, langsam, In Ordnung!	Ich suche eine Wohnung. Können Sie bitte langsamer sprechen?
2	**_nk**	Schrank, Bank, dunkel, trinken	Der Schrank ist schwer. Ich danke Ihnen.
3	**Qu** **qu**	Quadrat, Quatsch, bequem, quer	Der Sessel ist bequem. Quatsch! Das stimmt nicht.

Lernziele und Material

LN lernen Wortschatz und Chunks zu Wohnungssuche und Umzug. Sie können signalisieren, wenn sie etwas nicht verstehen.

Bereiten Sie Folgendes vor: Poster 3, Buchstaben- und Graphemkarten, Artikulationsfotos, Lernwortschatzkarten, Lesetexte in Satzstreifen, KV 1_7, 8, 9, Möbelprospekte, Möbelkataloge

---

Wohnen 1

LN führen ein Telefongespräch. Sie können den Grund ihres Anrufs benennen und darum bitten, lauter oder langsamer zu sprechen. Der Laut [ŋ] wird präsentiert. Zielgraphem ist <_ng>. — Poster 3

1 LN sprechen über die Personen und Situationen. Was passiert auf den Fotos? LN können Möbelstücke benennen.

2 Fragen Sie: „Was denken Sie: Warum oder mit wem telefoniert Anna?" — 1_45

3 Klären Sie *langsamer* und *lauter*, indem sie es vormachen: „Ich spreche langsam. Ich spreche langsamer." Demonstrieren Sie ebenso *laut / lauter*. Übertreiben Sie ruhig etwas. — 1_46

4 Präsentieren Sie den Laut und das Graphem. Weisen Sie auf den Unterstrich hin und machen Sie deutlich, dass dieses Graphem nicht am Anfang eines Wortes zu finden ist. — _ng

Demonstrieren Sie den Ausspracheтrick und bitten Sie die LN, das gleichzeitig nachzumachen. Beginnen Sie „mit verschnupfter Nase = Nase kurz zu halten" den Laut [g] zu artikulieren, sprechen ihn aber nicht zu Ende und halten diesen entstandenen Laut. — *Tipp*

8 Wiederholen Sie noch einmal den Aussprachetrick mit den LN. Sprechen Sie dann den Laut und einige Wörter: „Wohnung, Junge, langsam, …" Achten Sie darauf, dass LN kein [g] sprechen. — 1_47

9 Lösung: Wohnung, In Ordnung! — 1_45

17–18 LN erstellen ein Chunk-Puzzle für wichtige Kommunikationsstrategien und spielen. — 1_7

27 LN ergänzen die Wörter *langsamer* oder *lauter*. Fragen Sie: „Welches Wort aus dem Chunk fehlt?" Lösung: bitte

28 Sprechen Sie über Wohnungssuche. Fragen Sie: „Wie haben Sie Ihre Wohnung gefunden? Wo kann man suchen?" Zeigen Sie die üblichen Online-Portale und bringen Sie auch verschiedene Printmedien mit (Tageszeitung, kostenlose Zeitungen, Anzeigenblätter, …). Machen Sie auf die Suchanzeige in Foto 2 aufmerksamen und erstellen Sie mit den LN eine eigene Anzeige.

Wohnen 2

LN lernen, etwas anzubieten (Hilfe bzw. Getränk) sowie sich dafür zu bedanken. Der Laut [ŋk] wird präsentiert. Zielgraphem ist <_nk>.

1 Fragen Sie: „Was denken Sie? Welches Bild kommt jetzt?“

1_51 — 2 LN überprüfen ihre Vermutungen. „Wohin tragen Steffen Vogel und der Mann den Schrank?“

1_52 — 3 Besprechen Sie das Gegensatzpaar *schwer / leicht*. LN können Beispiele im Kursraum suchen. Klären Sie: „Zu wem sagt man *Ich danke dir?* Und zu wem *Ich danke Ihnen?*“

_nk — 4 Präsentieren Sie den Laut. Zeigen Sie dazu die Laut-Buchstaben-Tabelle auf S. 127 oder die Artikulationsfotos. Sprechen Sie die Laute isoliert und dann zusammengeschliffen.

1_53 — 8 Wenn LN das anmerken, sprechen Sie über die zwei Bedeutungen von *Bank*. In Aufgabe 28 werden beide präsentiert. Je nach Jahres- oder Tageszeit können Sie den Unterschied zwischen *dunkel* und *hell* im Kursraum leicht mit *Licht aus / Licht an* erklären.

1_51 — 9 Lösung: Schrank, dunkel, trinken

1_54 — 10 Achten Sie darauf, dass LN bei dun kel und trin ken, den Ziellaut vom Silbenende zum Silbenanfang verbunden sprechen.

Bidi ↗ — 12 LN schreiben die Lernwörter auswendig ins Heft oder als Laufdiktat.

Variante — 14 LN schneiden den Text auseinander, lesen und legen die Wörter.

1_55 — 16 LN sprechen kleine Dialoge und antworten positiv oder negativ.

1_8 — 17–18 LN basteln Silbenkarten zu Wörtern mit [ŋ] und [ŋk] und üben die Wortbetonungen.

23 Sprechen Sie die letzte Silbe vor. LN nennen die erste Silbe und verbinden dann im Buch. Evtl. weisen Sie auf die zwei Möglichkeiten bei trin ke / trin ken und dan ke / dan ken hin.

1_56 — 24 Variieren Sie. *Der Schrank ist leicht. / Hier ist es hell.*

28 Weisen Sie auf die unterschiedlichen Bedeutungen von *Bank* hin. Fragen Sie: „Welche Banken gibt es in Ihrer Nähe?“

Wohnen 3

LN können Möbelstücke beschreiben und Gefallen und Missfallen äußern. Sie können Zustimmung ausdrücken oder widersprechen. Der Laut [kv] wird präsentiert. Zielgraphem ist <Qu qu>.

1 LN wiederholen Wortschatz und Chunks zu den vorherigen Lektionen. Fragen Sie: „Wo sind Anna und Steffen jetzt? Was machen sie? Was sprechen sie?“

1_57 — 2 Was haben LN noch verstanden? Sammeln Sie.

1_58 — 3 Klären Sie *hässlich = nicht schön*. Machen Sie deutlich, in welchem Kontext *hässlich* genutzt werden darf. Fragen Sie: „Was ist bequem? Der Stuhl im Kursraum oder der Sessel vom Lernwortschatzbild *bequem?*“

Qu qu — 4 Präsentieren Sie den Laut und das Graphem wie auf den Artikulationsfotos auf S. 127.

6 Achten Sie darauf, dass LN beim Kleinbuchstaben <q> einen geraden Strich machen.

Schreiblinien — LN üben zusätzlich im Heft oder auf der Kopiervorlage. Kontrastieren Sie mit g, 9.

1_59 — 8 Suchen Sie im Kursraum Beispiele, um die Bedeutung der Wörter *Quadrat* und *quer* zu klären. Oder zeigen Sie eine Abbildung eines Kleidungsstückes mit Querstreifen.

9 Lösung: Quatsch, bequem — 1_57

13 LN können aus den Lernwörtern des Moduls neue Wortschlangen erstellen.

LN schreiben Nomen mit Artikel oder einen Chunk ohne Wortgrenzen. Dieser Aufgabentyp wird in *Hier! A1.1* genutzt. — *Erweiterung*

16 LN kombinieren die Adjektive unterschiedlich. Fragen Sie: „Welche Möglichkeiten gibt es?" — 1_61

17–18 LN erstellen und spielen ein Gegensatz-Dominospiel zu Adjektiven. — 1_9

LN schneiden Domino-Karten auseinander und spielen Memory. — *Variante*

LN suchen passende Beispiele für Gegensätze im Kursraum. — *Erweiterung*

24 Variieren und erweitern Sie den Satz, z. B. *Der Sessel ist bequem und schön.*

28 Was ist das auf Foto 1? Haben LN die Werbung schon einmal gesehen? Wo?

Sprechen Sie über das Bahnticket. Welche anderen günstigen Reisemöglichkeiten gibt es? Was nutzen LN, z. B. um Verwandte zu besuchen?

LN erstellen Wortschatzplakate zum Themenfeld „Wohnen", evtl. als Wortigel.

Abschließend können LN die Aufgaben zum Modul im *Schreibtrainer* bearbeiten. ➔ S. 72–75

Station 3

Lernziel und Material

LN üben Wortbetonungsmuster bei Wörtern mit den Konsonantenverbindungen pr, br, r, dr, gr, kr, fr, schr am Wort- und Silbenanfang.

Bereiten Sie Folgendes vor: KV_Station 3, evtl. Plakat (Tabelle mit Betonungsmustern)

1 LN hören die Wörter und sprechen nach. LN sprechen mehrfach im Plenum und einzeln. — 1_63

LN schreiben die Grapheme nach. — Bidi ↗

2 Verteilen Sie die Karten von KV_Station 3b. LN ordnen die Wortkarten nach der Reihenfolge im Hörtext und nutzen sie als Vorlage. LN hören ggf. mehrfach. — 1_64 Bidi ↘ — Station 3b

3 LN klopfen Wort für Wort in Leserichtung (Zeile für Zeile) in Aufgabe 1 und schreiben die Wörter in die Tabelle. Zur Kontrolle und Unterstützung nutzen LN die Wortkarten und Silbenkarten aus KV_Station 3b. Oder schreiben Sie die Wörter in einer Tabelle an die Tafel. — Station 3b

Klopfen Sie noch einmal gemeinsam mit den LN die Wörter in Leserichtung und in einem zweiten Schritt Spalte für Spalte (in Aufgabe 1). Klopfen Sie oder ein/e LN dann eine Zeile, die anderen raten.

4 LN hören die Wörter wie in der Tabelle und kontrollieren ihre Lösung. LN sprechen nach. — 1_65

8 LN hören die Wörter aus Aufgabe 1 in anderer Reihenfolge und gehen den Silben entsprechend ein bis drei Schritte. Wenn Sie nicht genügend Platz haben, stoppen Sie den Track und LN gehen zurück. Ebenso können LN einzeln oder in kleineren Gruppen gehen. — 1_67

LN erstellen dann die Betonungs- und Wortkarten sowie das Wortpuzzle und spielen. — Station 3

LN erstellen ein Plakat (Tabelle mit Betonungsmustern) zur Erweiterung der Spielvariante 1. — *Tipp*

Familie

1	**_er**	Kindergarten, Schwester, Bruder, Lehrer	Geht Illa in den Kindergarten? Nein, leider nicht.
2	**_r**	Ohr, Nachbar, vier, Bier	Wie viel Uhr ist es? Es ist halb vier.
3	**Pf** **pf**	Pfeffer, Topf, klopfen, Pfanne	Kannst du bei Herrn Pfeifer klopfen? Ich brauche Pfeffer.

Lernziele und Material

LN lernen, weiteren Wortschatz und Chunks zu Familienleben und Nachbarschaft sowie informelle Uhrzeitangaben (*Viertel vor / nach und halb*) zu nutzen.

Bereiten Sie Folgendes vor: Poster 4, Buchstaben- und Graphemkarten, Lernwortschatzkarten, Chunkstreifen, KV 1_10, 11, 12, KV_Gitterrätsel, Transkriptionsstreifen, Lesetexte (Aufgabe 14) in Satzstreifen, Lernuhr, Artikulationsfotos zu [a] und [a:] aus *Hier! Vorkurs* online, evtl. Salz, Pfeffer, Bulgur.

Familie 1

LN lernen, in informeller Situation nach Betreuungsmöglichkeiten (Kindergarten / Tagesmutter) zu fragen und zu antworten. Der Laut [ɐ] wird präsentiert. Zielgraphem ist <_er>.

1 Sprechen Sie über die Situationen. Fragen Sie: „Wo sind Sibel und Amira, Mustafa und seine Frau, Ali und Abbas? Was machen sie? Was denken Sie? Worüber sprechen sie?“

2_2 — 3 Klären Sie die Wörter *Tagesmutter* und *Platz*. LN mit Kindern berichten von ihrer Betreuungssituation.

_er — 4 Präsentieren Sie den Laut und die Graphemkarte. Nutzen Sie den Track und das Artikulationsfoto (S.127). Achten Sie auf die korrekte Aussprache des vokalischen r.

Artikulationsfotos [ɐ] [a] [a:] — Vergleichen Sie mit den LN, dass die Öffnung des Mundes von [ɐ] [a] [a:] immer größer wird.

6 LN markieren <_er> in den Wörtern.

Erweiterung — 7 LN markieren das Zielgraphem in den Chunkstreifen.

2_3 — 8 Üben Sie mit den LN beim Wiederholen der Lernwörter die korrekte Aussprache des Ziellautes. Kennen LN weitere Wörter mit <_er>? Sammeln Sie.

2_1 — 9 Lösung: Kindergarten, Schwester, Bruder

Bidi ↗ — LN legen die zerschnittenen Transkriptionsstreifen in die richtige Reihenfolge und hören zur Kontrolle.

Bidi ↗ — 13 LN nutzen ihre Buchstabenkarten und legen die Wörter ähnlich wie im Buch. LN 1 vermischt die Buchstaben für ein Wort, LN 2 legt sie in die richtige Reihenfolge.

Variante — 14 Lesen Sie je einen Teil des Satzes vor, z. B.: „Amira und Sibel sind …“ LN ergänzen.

LN können auch zu zweit den Text auf diese Weise wiederholen.

2_5 — 16 LN variieren die Frage ggf. mit den Namen ihrer Kinder und passen die Antwort an.

1_10 — 17–18 LN basteln Wort- und Graphemkarten und diskriminieren <a>, <_er>, <_e>.

22 Klären Sie ggf. die Bedeutung von *Geschwister*.

24 Variieren Sie mit *zur Tagesmutter* und *Ja, sie hat einen Platz.* 2_6

26–27 LN erweitern die Frage *Hast du einen Bruder?* im Heft und tauschen sich dann über die Anzahl ihrer Geschwister aus. *Erweiterung*

28 Sprechen Sie über die Fotos. Was bedeutet *Gas weg?* Was ist ein *Lehrerzimmer*? Was macht man wohl in einem *Sprachwohnzimmer*? Welche Zimmer kennen LN noch?

Sprechen Sie über die Betreuungsmöglichkeiten der Kinder der LN. LN können Info-Schreiben oder Flyer verschiedener Einrichtungen mitbringen. Flyer

Familie 2

LN lernen, nach der Uhrzeit zu fragen und informelle Uhrzeiten (Viertel vor / nach, halb) anzugeben und zu verstehen. Der Laut [ɐ̯] (vokalisches r nach langem Vokal) wird präsentiert. Zielgraphem ist <_r>.

1 LN wiederholen Wortschatz und Chunks und spielen kleine Dialoge.

2 Fragen Sie: „Wo sind Ali und Abbas? Was essen und trinken sie? Warum sieht Abbas auf seinen Arm / seine Uhr?" 2_7

3 Zeigen Sie *halb vier* und *Viertel vor vier* an einer Uhr oder malen Sie die Uhrzeiten an. Lernuhr 2_8

4 Präsentieren Sie den Laut und das Graphem. Sprechen Sie den Laut „ausatmend" vor. _r

6-7 LN markieren <_r> in den Wörtern und auf den Chunkstreifen. Chunkstreifen

8 Klären Sie ggf. *Nachbar* über LN, die nebeneinandersitzen, oder fragen Sie, wie viele Nachbarn im Haus der LN wohnen. 2_9

9 Lösung: Nachbar, vier 2_7

13 LN erstellen eigene Gitterrätsel mit Hilfe der Kopiervorlage mit Lernwörtern und anderen bekannten Wörtern und tauschen sie mit anderen LN. Gitterrätsel Bidi ↗

14 Schreiben Sie vor dem Lesen die Wörter *Bulgur* und *Reis* an. Fragen Sie: „Wer kennt das? Was essen Sie zu Hause?"

Evtl. bringen Sie eine Packung Bulgur mit, oder Sie zeigen das Bild in Aufgabe 28.

LN ordnen die Satzstreifen. Sie oder ein/e LN können zur Unterstützung den Text vorlesen. *Variante* Lesetext

Für stärkere LN können die Streifen in unterschiedliche Teile geschnitten werden. LN legen sie selbstständig zusammen und in die richtige Reihenfolge.

16 LN sprechen nach. LN üben mit den beiden Chunks, nach der Uhrzeit zu fragen. Wiederholen Sie die vollen Stunden. 2_11

17–18 LN üben die informellen Uhrzeiten (*Viertel vor / nach und halb*). 1_11

LN üben zu zweit mit einer Uhr, an der die Zeiger verstellt werden können. *Erweiterung* Lernuhr

24 Variieren Sie mit *Wie spät ist es?* und *Es ist halb vier. / Es ist Viertel nach vier. / …*

28 Wie findet man Kontakt zu Nachbarn? LN erzählen von ihren Erfahrungen.
Regen Sie einen Austausch über Nachbarschaft in Deutschland und im Herkunftsland an. Sprechen Sie über Gemeinsamkeiten / Unterschiede (Beispiel aus Hörtext „im Flur leise sein").

LN bringen ihre Lieblingsrezepte mit Bulgur / Reis / Couscous / ... mit und gestalten einen Rezeptordner mit Fotos, Zeichnungen und Wörtern.

Klären Sie Foto 3. Waren LN schon mal in einem Biergarten und was gibt es da zu essen / trinken?

Familie 3

LN formulieren eine Bitte mit dem Chunk *Kannst du ...* und wenden ihn im Kontext von Familienleben und Nachbarschaft an. Der Laut [pf] wird präsentiert. Zielgraphem ist <Pf pf>.

2_13 — 1–2 Fragen Sie: „Was macht Mustafa, was seine Frau? Was denken Sie? Was sucht Mustafa?" LN beschreiben das Bild. Nach dem Hören vergleichen LN mit ihren Vermutungen.

2_14 — 3 LN markieren jeweils in den Chunks alle Wörter, die gleich sind. LN fokussieren so *Herrn Pfeifer*

Tipp — vs. *Frau Pfeifer*. Weisen Sie auch auf die gleichen Anfangsbuchstaben der Verben hin.

Salz, Pfeffer — Klären Sie ggf. die Bedeutung von *klingeln / klopfen* und *Salz* und *Pfeffer* (Abbildung in Aufgabe 16). Bringen Sie Salz und Pfeffer mit in den Kurs.

Pf pf — 4 Präsentieren Sie den Laut und das Graphem mit Hilfe der Artikulationsfotos. Erfahrungsgemäß fällt es LN schwer, die Teile des Lautes sehr nah beieinander zu sprechen, wenn der Laut am Wortanfang steht.

Tipp — LN sprechen ein Wort mit <pf> am Ende, z. B. „Kopf", halten den Laut und sprechen dann z. B. „Pfeffer". LN üben das mehrfach. Im nächsten Schritt sprechen LN den ersten Teil „Ko" nur noch leise bis „gedacht" und dann das Wort „Pfeffer".

2_15 — 8 Üben Sie mehrfach mit den LN die korrekte Aussprache am Wortanfang. Kontrastieren Sie *an der Tür klopfen* und *klingeln*.

2_13 — 9 Lösung: Pfeffer, Topf, klopfen

2_16 — 10 Achten Sie darauf, dass LN die Laute am Silbenende und Silbenanfang verbunden sprechen.

14 LN markieren <pf> <f> und <p> in verschiedenen Farben und üben deutliches Lesen.

2_17 — 16 LN variieren mit anderen Zutaten, die man zum Kochen braucht, z. B. *ein Ei, eine Zwiebel, ...*

Sprechen Sie über Nachbarschaftshilfe. Fragen Sie: „Was können Sie in Deutschland von Ihrem Nachbarn leihen? Was in Ihrem Herkunftsland?"

1_12 — 17–18 LN erstellen Chunk-Karten zu Aufgaben in der Familie und üben die Fragen.

Erweiterung — LN ordnen zu zweit Bild- und Wortkarten zu. Die Wortkarten werden umgedreht (Schrift nach unten). LN 1 nennt eine Frage, LN 2 zeigt auf das richtige Bild. Zur Kontrolle wird die Wortkarte umgedreht.

Variante — Verteilen Sie die Karten. LN laufen im Kursraum umher und müssen sich in Paaren passend zum Chunk und Bild finden.

2_18 — 24 Variieren Sie beide Chunks mit *klingeln* und *Salz*.

26–27 LN ergänzen wie in Aufgabe 24 oder variieren die Antwort.

28 Sprechen Sie über Foto 1. Was soll man machen? *Klingeln* oder *klopfen*?

LN können thematisch verschiedene Plakate erstellen: Wortschatz mit <Pf pf>, Lebensmittel, Kräuter und Gewürze (LN können verschiedene Kräuter und Gewürze mitbringen.)

Abschließend können LN die Aufgaben zum Modul im *Schreibtrainer* bearbeiten. → S. 76–79

Station 4

Lernziel und Material

LN lernen, Zahlen, Buchstaben, Wörter und Sätze in verschiedenen Schriftarten zu lesen.

Bereiten Sie Folgendes vor: KV_Station 4, Prospekte, Zeitungen

1 LN ordnen Großbuchstaben in unterschiedlichen Schriftarten den Kleinbuchstaben zu.

2 Lösung: 6 E 9 i u n; 5 T 7 a g 1 — 2_19

3 LN markieren den Groß- und Kleinbuchstaben in unterschiedlichen Farben und zählen.
Lösung: A = 4, a = 13

4 LN markieren die Zahlen. Kontrastieren Sie ähnliche Buchstaben und Zahlen, z. B. 9 g q, 0 o O, … LN können ggf. in Prospekten weitere Beispiele dafür suchen. — Prospekte

5 Lösung: Kissen, Nachbar, Nudeln, Wasser — 2_20

6 LN ordnen Teile einander zu, die in der gleichen Schriftart geschrieben sind, und schreiben die Kollokationen dann ab.

Weisen Sie LN darauf hin, dass z. B. *Nudeln essen* inhaltlich auch richtig ist, hier aber die gleiche Schriftart fokussiert werden soll und daher *Nudeln kochen* gemeint ist.

Helfen Sie LN, Vergleichskriterien zu finden. Fragen Sie: „Welche Position haben die Wörter, gerade oder schräg? Welche Schrift ist dicker? Welche Buchstaben stehen enger zusammen?" — Bidi ↘

LN schreiben Sätze mit den Kollokationen in ihr Heft. — Bidi ↗

7 LN ordnen Sätze einer kurzen Nachricht den (in jeweils einer anderen Schriftart geschriebenen) gleichen Sätzen zu. LN schreiben die Nachricht in ihr Heft. — Bidi ↗

Verteilen Sie Realien (Salz, Pfeffer, Bulgur, …) und Post-Its an LN. LN schreiben nach dem Muster und passend zur Realie kleine Nachrichten an ihre Kurskollegen / Kurskolleginnen. — *Erweiterung*

8 LN verbinden alle großen A und kleinen a zu einem Bild. Lösung: ein Apfel
LN fokussieren hier u.a. das typische Druckbuchstaben-a, welches in *Hier! A1.1* benutzt wird. — Station 4

Verteilen Sie einen Apfelumriss. LN schneiden aus Prospekten oder Zeitungen A und a aus und kleben sie in den Apfel. — *Erweiterung*

LN schneiden aus Prospekten unterschiedliche Buchstaben aus und kleben ihre Namen damit auf. — Prospekte

Einkaufen

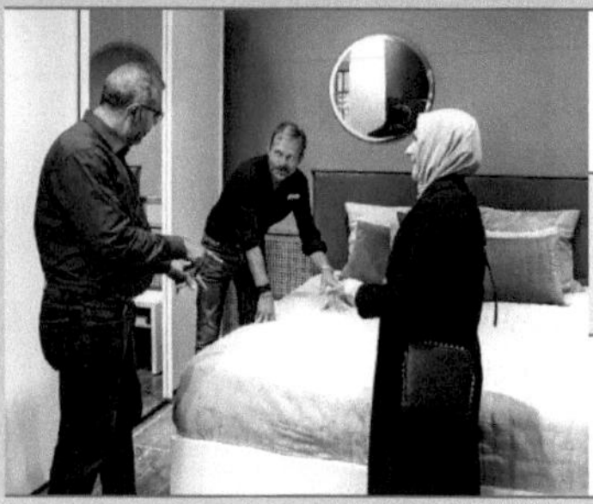

1	**ss ß**	Kissen, Erdgeschoss, Fußball, groß	Wo finde ich Kissen? Im Erdgeschoss.
2	**ff pp tt ck**	Koffer, Bett, Wecker, Teppich	Wir suchen ein Bett. Haben Sie einen Tipp?
3	**ll mm nn rr**	Kanne, Geschirr, Wohnzimmer, bestellen	Willst du noch etwas bestellen? Ja, eine Lampe für das Wohnzimmer.

Lernziele und Material

LN lernen, im Kontext „Einkaufen" nach Möbeln und anderen Einrichtungsgegenständen zu fragen, wo man etwas findet, und nach einem Tipp zu fragen.

Der Fokus liegt in diesem Modul auf Wörter mit Doppelkonsonanten. Wörter mit den Orthographemen <ss> und <ß> werden kontrastiert.

Bereiten Sie Folgendes vor: Poster 5, Buchstaben- und Graphemkarten, Lernwortschatzkarten, Lesetexte (Aufgabe 14) in Satzstreifen, KV 1_13, 14, 5, Möbelprospekte

---

Einkaufen 1

LN lernen, mit dem Chunk *Wo finde ich …?* nach der Orientierung in einem Kaufhaus zu fragen.

Die Orthographeme <ss> und <ß> zum Laut [s] werden präsentiert und in passenden Lernwörtern gegenübergestellt. In Band 1 / *Im Deutschkurs 3* haben LN den Laut und die Grapheme <ss> und <ß> bereits kennengelernt.

Poster 5 — 1 Fragen Sie: „Wo sind Amira, Anna und Steffen, Mustafa und Eman? Was machen Sie? Was denken Sie: Was fragt Amira? Was kaufen Mustafa und Eman?" Weisen Sie u.a. auf die Kissen auf dem Bett hin, um bereits die Bedeutung von *Kissen* zu klären.

2_22 — 3 Zur Unterstützung markieren LN in den Sätzen, was gleich ist. Falls *Erdgeschoss / 1. Stock* nicht bekannt ist, fragen Sie: „Wo / In welchem Stock ist der Kursraum?"

ss ß — 4 Präsentieren Sie die beiden Graphemkarten nacheinander und fordern Sie LN auf, den Laut zu sprechen. LN nennen den Laut. An welches Tier erinnert der Laut? (Schlange)

6 Weisen Sie LN darauf hin, bei <ss> keinen Abstand einzufügen.

2_23 — 8 Klären Sie die möglichen Abkürzungen *E* bzw. *EG* für *Erdgeschoss*.

9 Lösung: Kissen, Erdgeschoss, Fußball

Bidi ↗ — 13 LN arbeiten zu zweit. Sie legen und vertauschen mit ihren Buchstabenkarten die Wörter aus Aufgabe 5 *essen, heißen, Spaß, draußen, Sessel, Wasser.*

Variante — 14 Erfragen Sie Satz für Satz, z. B.: „Wo ist Amira? Was möchte sie? Wo sind die Kissen?" usw. LN lesen die Antwort vor, je nach Kurs im Plenum oder einzeln.

2_25 — 16 LN variieren die Antwort: im ersten Stock, … Wiederholen Sie dazu einige Ordinalzahlen.

1_13 — 17–18 LN erstellen Silbenpuzzle und Reimwörter zu <ß> und <ss>. Gehen Sie auf den Kurzvokal vor <ss> und den Langvokal vor <ß> ein.

Schreiblinien — 19 Nutzen Sie bei Bedarf die Kopiervorlage für weitere Schreibübungen.

24 LN lesen in umgekehrter Reihenfolge. Schreiben Sie den Chunk an. LN lesen „Wo finde ich Kissen?" Wischen Sie das letzte Wort weg. LN lesen „Wo finde ich …" usw. 2_26 *Erweiterung*

28 Klären Sie in Foto 1, dass *ß* in Druckbuchstaben meist mit *ss* geschrieben wird.

LN machen Fotos einer Orientierungstafel im Kaufhaus oder Rathaus der Stadt. Klären Sie die Abkürzungen darauf (OG, EG, …). Im Kurs kann eine vereinfachte Version davon erstellt werden.

Sprechen Sie je nach Kurs über Fußballvereine, regional, national, international. LN können das Logo ihres Lieblingsvereins malen und ihn vorstellen.

Einkaufen 2

LN lernen, nach einem Tipp / Vorschlag zu fragen, und erweitern ihren Wortschatz zu Möbel und Gegenständen in der Wohnung.

Die Doppelkonsonanten <ff>, <pp>, <tt> sowie <ck> werden präsentiert. Die dazugehörigen Laute wurden in Band 2 / *Aktivitäten 2, Aktivitäten 3, Einkaufen 1* und *Einkaufen 3* eingeführt.

1 LN wiederholen Wortschatz und Chunks zum ersten Situationsfoto und sammeln weitere Wörter und Ideen zu den beiden anderen Fotos. Poster 5

4 Präsentieren Sie die Graphemkarten. LN nennen die Laute und zeigen den Papiertrick dazu. ff pp tt ck

5 LN markieren die Doppelkonsonanten in unterschiedlichen Farben.

9 Lösung: Koffer, Bett, Wecker 2_27

13 LN erstellen eigene Gitterrätsel mit den Wörtern aus Aufgabe 5. (*Treppe, bitte, Jacke, Löffel, Mutter, schmecken*) Bidi ↗ Gitterrätsel

14 Stellen Sie passende W-Fragen zum Text mit *Wer? Was? Wie?*

16 LN variieren mit *Koffer, Teppich, Schrank, Sessel, Doppelbett*. Schreiben Sie die Wörter mit unbestimmtem Artikel im Akkusativ an. 2_31

17–18 LN basteln Nomen-Artikel-Karten zu Einrichtungsgegenständen und richten ein Zimmer ein. 1_14

LN legen Karten (Bild- oder Wortseite nach oben) auf KV 1_14a und beschreiben, was z.B. in ihrem Wohnzimmer / ihrer Küche / etc. ist. Bidi ↘

24 Variieren Sie mit weiteren passenden Wörtern, z.B. *Wecker, Koffer, Teppich, Kissen, Pfanne.*

28 Welche Wörter kennen LN noch auf dem zweiten Foto und wie oft finden LN das Wort Teppich? (dreimal) LN suchen in Prospekten und Zeitungen weitere Wörter mit den Graphemen der Lektion. Prospekte, Zeitungen

Einkaufen 3

LN lernen, den Chunk *Willst du noch etwas …?* im Kontext Einkaufen / Bestellen anzuwenden sowie ein Online-Formular auszufüllen.

Die Doppelkonsonanten <ll>, <mm>, <nn> und <rr> werden präsentiert. Die Laute wurden in Band 1 / *Beim Arzt 1, Kinder und Familie 1, Willkommen 1* und *Anmeldung 2* eingeführt.

1 Fragen Sie: „Was denken Sie: Was machen Anna und Steffen am Computer? Was zeigt Steffen?" Poster 5

2 Fragen Sie: „Was kaufen Anna und Steffen im Internet?" Und wie ist das bei den LN? Kaufen sie im Internet oder im Geschäft? Was kaufen sie wo? 2_33

ll mm nn rr — 4 Präsentieren Sie die Grapheme. LN nennen die Laute.

5 LN markieren die Doppelkonsonanten in unterschiedlichen Farben.

2_35 — 8 Klären Sie das Wort *Geschirr*. Was gehört dazu? (Teller, Tasse, Schüssel)

2_33 — 9 Lösung: Kanne, Geschirr, bestellen

13 LN erstellen eigene Wortschlangen. Zusätzlich können LN die Wörter aus Aufgabe 5 (*Brille, Allergie, willkommen, können*) und weitere Wörter aus *Einkaufen 2* nutzen.

Lesetext — 14 Schneiden Sie den Text je nach Kurs oder je nach Gruppe in Wörter, Satzteile oder Sätze. LN arbeiten in Kleingruppen. LN 1 liest vor, die anderen legen den Text. Jede/r LN liest einmal vor.

2_37 — 16 LN sprechen den Dialog, wählen zwischen positiver und negativer Antwort und variieren die positive Antwort.

1_15 — 17–18 LN füllen ein Online-Formular mit Hilfe von Antwortkarten aus.

Bidi ↗ — LN erstellen Daten zu Mustafa, einer fiktiven Person oder zur eigenen Person.

Prospekte — 28 LN erstellen einen Wortigel zu Möbeln / Wohngegenständen.

Besprechen Sie das erste Foto: Wo ist das und was kann man da machen? Fragen Sie: „Bestellen Sie online Essen? Was und wo bestellen Sie? Haben Sie einen Tipp?"

Abschließend können LN die Aufgaben zum Modul im *Schreibtrainer* bearbeiten. → S. 80–83

Station 5

Lernziel und Material

LN üben Wortbetonungsmuster in Wörtern mit den Konsonantenverbindungen sp, spr, st, str, schl, schm, schn, schw.

Bereiten Sie Folgendes vor: KV_Station 5, Artikulationsfotos.

2_39 — 1 LN hören die Wörter und sprechen nach. LN sprechen mehrfach im Plenum und einzeln.

Bidi ↗ — LN schreiben die Grapheme nach.

Bidi ↘, 2_40 — 2 LN zeigen beim Hören auf die entsprechenden Wörter in Aufgabe 1 und schreiben dann. LN hören ggf. mehrfach.

Station 5b — 3 LN klopfen Wort für Wort in Leserichtung (Zeile für Zeile) in Aufgabe 1 und schreiben die Wörter in die Tabelle. Zur Kontrolle und Unterstützung nutzen sie die Wortkarten und Silbenkarten aus KV_Station 5b. Oder schreiben Sie die Wörter in einer Tabelle an die Tafel.

Erweiterung — Klopfen Sie noch einmal gemeinsam mit den LN die Wörter in Aufgabe 1 in Leserichtung und in einem zweiten Schritt Spalte für Spalte. Klopfen Sie oder ein/e LN dann eine Zeile, die anderen raten. Je nach Kurs können Sie Zeilen und Spalten vermischt klopfen lassen.

Bidi ↗ — 5–6 LN lösen die Aufgaben selbstständig.

Bidi ↘ — LN hören vor dem Schreiben in Aufgabe 6 den Track aus Aufgabe 7.

2_42 — 7 LN hören zur Kontrolle und sprechen nach.

Station 5 — 8 LN erstellen die Betonungs- und Wortkarten sowie das Wortpuzzle und spielen.

Unterwegs

1	ä ö ü äu	spät, Möbel, Büro, Verkäufer	Gibt es hier ein Geschäft in der Nähe? Ja, gleich da drüben.
2	_h	Bahnhof, Schuhe, fahren, stehen	Wie komme ich zum Bahnhof? Nehmen Sie die U-Bahn.
3	_b _d _g	Fahrrad, Korb, Hand, Ausflug	Willst du mein Fahrrad haben? Danke, das ist lieb.

Lernziele und Material

LN lernen, weitere Chunks für die Kommunikation im öffentlichen Raum, z.B. für Wegbeschreibungen oder um nach Geschäften / Institutionen zu fragen.

Bereiten Sie Folgendes vor: Poster 6, Buchstaben- und Graphemkarten, Artikulationsfotos, Lernwortschatzkarten, KV 1_16, 17, 18, Dominospiel zur Auslautverhärtung (Band 2 / Station 3)

Unterwegs 1

LN wiederholen und erweitern den Chunk *Gibt es hier ...?*, um nach Einkaufsmöglichkeiten zu fragen, und lernen, verschiedene Geschäfte / Institutionen zu benennen sowie Wege zu beschreiben.

Die Grapheme <ä>, <ö>, <ü> und <äu> und die entsprechenden Laute werden kontrastiert.

1 Sprechen Sie über die Einstiegsfotos. Fragen Sie: „Wo ist Nada, wo sind Abbas, Sibel und Ikram, wo Amira? Was denken Sie: Was machen / fragen sie?" — Poster 6

4 Präsentieren Sie die Artikulationsfotos. LN nennen die Laute.

5 LN markieren in unterschiedlichen Farben.

9 Lösung: spät, Verkäufer — 2_43

16 LN variieren die Frage (... einen Supermarkt) und geben zusätzlich eine negative Antwort. — 2_47

17-18 LN üben, Richtungen anzugeben und nach Geschäften zu fragen. — 1_16

Erweiterung

Übertragen Sie die Fragen auf die Kursumgebung. LN antworten entsprechend.

Klassenspaziergang: Jede/r LN bekommt eine Frage- oder Bildkarte. LN befragen sich gegenseitig und antworten entsprechend.

Tipp

Zettel mit ISBN von *Hier! A1.1*

Nutzen Sie die Einkaufsituation, um LN rechtzeitig auf den Kauf des Folgelehrwerks vorzubereiten. Fragen Sie: „Gibt es hier eine Buchhandlung in der Nähe?", und teilen Sie Zettel mit der ISBN-Nummer für *Hier! A1.1* aus. Erarbeiten Sie mit den LN den Einkaufs- oder Bestelldialog für *Hier! A1.1* im Anschluss an die Arbeit mit der Alpha-Box.

24 LN variieren mit unterschiedlichen Geschäften o.Ä. und positiven und negativen Antworten. — 2_48

28 Erklären Sie, dass Laden = Geschäft ist (erstes Foto). Fragen Sie LN zu Foto 2: Gibt es hier ein *Bürgerbüro*? LN antworten nach der Richtungsangabe auf dem Foto. LN suchen Wörter auf der Straße mit den Graphemen der Lektion und machen Fotos.

Erstellen Sie Wegweiser für ihre Institution.

Unterwegs 2

LN können nach dem Weg zu verschiedenen Zielorten fragen und sagen, mit welchem Verkehrsmittel der Zielort erreicht werden kann. <_h> als Längezeichen wird präsentiert.

Poster 6 | 1 LN wiederholen Wortschatz und Chunks der vorherigen Lektion und spielen kleine Dialoge. LN sammeln weitere Ideen zu den beiden anderen Situationsfotos.

2_50 | 3 Klären Sie die Verkehrsmittel in den Chunks.

_h h | 4 Präsentieren Sie die Graphemkarten <_h> und <h>. Verdeutlichen Sie, dass das Dehnungs-h <_h> einen Langvokal anzeigt.

Blanko-Silbenkarten | Sprechen Sie „U-Bahn". Fragen Sie: „Hören Sie [h]?" Sprechen Sie „Bahnhof" und fragen Sie: „Hören Sie [h]? Wo hören Sie das?" Sprechen Sie „Bahn hof" in Silben. Nutzen Sie dazu die Silbenovale.

Sprechen Sie mehrere Wörter, z.B. aus Aufgabe 5, Zeile 4, und fragen wieder: „Hören Sie [h]?" Wiederholen Sie und unterstreichen Sie den Langvokal mit einer entsprechenden Armbewegung.

5 LN können in Zeile 4 den Langvokal mit <_h> unterstreichen.

2_49 | 9 Lösung: Bahnhof, fahren

Variante | 14 Schreiben Sie nacheinander Satz für Satz ohne Wortgrenzen an *AmiramusszumBahnhof.* LN lesen im Plenum. Ein/e LN trennt Wörter ab. Anschließend lesen LN im Buch.

1_17 | 17–18 LN üben, nach dem Weg zu fragen. LN basteln ein Nomen-Artikel-Puzzle zu Verkehrsmitteln und legen damit Frage- und Antwortsätze.

24 Variieren Sie mit Beispielen aus der Alpha-Box-Aufgabe.

28 Was erkennen LN auf den Fotos? LN machen in Gruppen einen Ausflug zum Bahnhof und machen Fotos. Im Kurs sammeln und systematisieren sie den Wortschatz in Form eines Wortigels.

Unterwegs 3

LN lernen, mit dem Chunk *Willst du … haben / machen?* etwas anzubieten und sich zu bedanken.

Die Auslautverhärtung (_b, _d, _g), bekannt aus Band 2, wird in dieser Lektion vertieft.

1 LN beschreiben die Situation. Fragen Sie: „Was denken Sie? Was sprechen Abbas und Ikram?"

_b _d _g | 4 Präsentieren Sie die Graphemkarten <_b>, <_d>, <_g>. Fragen Sie: „Was spricht man?" Nutzen Sie die Symbole für *sprechen / schreiben* zur Verdeutlichung der Auslautverhärtung.

5 LN markieren in unterschiedlichen Farben.

2_55 | 9 Lösung: Fahrrad, Ausflug

13 LN markieren zusätzlich <_b>, <_d>, <_g> in den gleichen Farben wie in Aufgabe 5.

2_55 *Variante* | 14 Hören Sie noch einmal den Einstiegsdialog. LN wiederholen, was sie gehört haben. Schreiben Sie *cool* an und klären Sie die Aussprache.
LN lesen dann reihum den Text im Buch. Jede/r LN liest einen Satz bzw. bis zum Doppelpunkt.

2_59 | 16 LN variieren die Fragen, z.B. *Willst du meinen Stift haben?* Oder *Willst du Pause machen?* LN sprechen auch negative Antworten: *Nein, das möchte ich nicht. / Nein, danke.* etc.

1_18 | 17–18 LN basteln Graphem- und Wortkarten und üben die Auslautverhärtung.

Domino | LN können das Dominospiel aus Band 2 / Station 3 noch einmal spielen.

28 LN fotografieren Symbole in der Stadt, z.B. für S-Bahn, Taxi, Fahrradstraße, ... und erstellen ein Plakat zu Verkehrsmitteln.

LN können eine Umgebungskarte mit Geschäften in der Nähe gestalten.

Abschließend können LN die Aufgaben zum Modul im *Schreibtrainer* bearbeiten. ➔ S. 84–87

Station 6

Lernziel und Material

LN lernen das Alphabet und das Buchstabieren.

Bereiten Sie Folgendes vor: KV_Station 6, Buchstabenkarten, Porträtfotos für Aufgabe 6

1 LN hören das Alphabet, die Umlaute und ß zuerst langsam und dann rhythmisch gesprochen. LN sprechen mehrfach nach und üben dann, die rhythmische Variante mitzusprechen. 2_61

LN können dazu hinter G g, P p, W w und Z z einen Strich in der Tabelle machen, um die kurze Pause zu kennzeichnen. *Tipp*

3 LN markieren die Buchstaben oder schreiben direkt die Buchstaben auf.
Lösung: SIBEL, MUSTAFA 2_62

4 LN schreiben ihre Namen ins Buch und buchstabieren dann reihum. Schreiben Sie oder LN die Namen dabei an die Tafel.

LN buchstabieren Namen von Familienangehörigen. Schreiben Sie an die Tafel. *Erweiterung*

5 LN korrigieren die Reihenfolge der Buchstaben. Zur Unterstützung sprechen LN das Alphabet rhythmisch oder vergleichen mit Aufgabe 1. Bidi ↘

LN legen mit Hilfe der Aufgabe 1 ihre Buchstabenkarten in eine Reihe und korrigieren dann die Zeilen im Buch. Buchstabenkarten

6 LN hören kleine Dialoge, in denen Amira und die anderen ihre Familiennamen buchstabieren. 2_63

LN schreiben die Namen Buchstabe für Buchstabe mit. LN hören die Dialoge mehrfach.

Fragen Sie: „Was denken Sie? Wo sind Amira / Abbas / ...? Warum geht Amira zu Schalter 4?“ Evtl. erinnern LN, zu welchen Schaltern Nada und Abbas gehen (Anmeldung 1 und 2). Poster 1

Schreiben Sie die Tabelle an: Nachname / A-F – Schalter 1, usw. Schreiben Sie die Schalter nebeneinander, wie Hinweise an Zimmertüren. LN nennen die Buchstaben von A bis F. Schreiben Sie die Buchstabenreihe unter „A-F“. Verfahren Sie mit den anderen Einteilungen ebenso. Bidi ↘

Erstellen Sie Hinweisschilder wie in der Aufgabe und hängen Sie diese an verschiedene Stellen im Raum auf. Fragen Sie: „Wie ist Ihr Familienname? Zu welchem Schalter müssen Sie gehen?“ LN gehen zum richtigen Schalter und spielen kleine Dialoge. Verteilen Sie dazu Porträtkarten für Beamte / Beamtin. *Erweiterung* Porträtfotos

7 LN ergänzen ihre Angaben im Buch.

8 LN erstellen die Karten für zwei Spiele und machen ein Rückendiktat. Station 6

LN können im *Schreibtrainer* zum Abschluss von Band 3 das *Portfolio* machen. ➔ S. 88–93

Poster-Ausstellung

Vorbereitung / Material: Poster Band 1–3, pro Poster passende Wort- und Bildkarten und Chunkstreifen, evtl. Ausstellungstickets, Blanko-Karten

Einstieg / Wiederholung

Um die letzte Stunde / den letzten Tag motivierend zu gestalten, bietet sich ein Rundumblick auf die letzten 300 Stunden und somit auf den Lernerfolg der Teilnehmenden an.

Vorbereitung des Unterrichtsraums
Poster

Bereiten Sie eine Ausstellung mit den Einstiegsfotos der Module vor. Hängen Sie zu den acht Themen (ohne das letzte *Unterwegs*) *Willkommen, Anmeldung, Im Deutschkurs, Einkaufen, Beim Arzt, Familie, Aktivitäten* und *Wohnen* je ein Poster an die Wand, je zwei Poster an jede Seite. Alternativ können Sie die Poster auf Tische legen. Da sich die Themen in den Bänden wiederholen, beschränken Sie sich auf ein Poster pro Thema.

Tipp

Teilen Sie Eintrittskarten für die Poster-Ausstellung am Tag davor aus. Stellen Sie sich nun am letzten Tag vor den Raum, begrüßen Sie die LN und entwerten Sie die Tickets.

Poster-Ausstellung
Wo: Raum 304
Wann: 11.30 Uhr

Lassen Sie LN die Ausstellung zunächst „besuchen" und sich die Situationen in Erinnerung rufen. Für die LN hat diese visuelle Darstellung bereits eine belohnende Wirkung und macht ihnen bewusst, mit welchen kommunikativen Szenarien sie sich bereits im Kurs auseinandergesetzt haben. Regen Sie die LN an, bekannte Wörter oder Chunks zu nennen.

Wimmeln
Wort-Bild-Karten, Chunkstreifen

Bereiten Sie Material für mehrere Spielrunden vor. Sie brauchen pro Poster je zwei oder drei Wort-Bildkarten und / oder Chunkstreifen. Jede/r LN bekommt pro Runde eine Bildwortkarte. LN gehen dann im Raum umher und müssen das passende Poster / die passende Situation finden, sodass sich an den Postern je zwei oder drei LN in Kleingruppen treffen. Dort lesen Sie die Wörter laut, kleben Sie an die Poster und nennen evtl. ihnen weitere bekannte Wörter. Dann versammeln sich alle LN wieder in der Raummitte und Sie verteilen neue Wort- oder Bildkarten. Spielen Sie so mehrere Runden, sodass die Poster immer befüllter werden.

Tipp

Spielen Sie ein Beispiel mit dem Poster 1 aus Band 1 zum Thema *Willkommen* im Plenum durch.

Bidi ↗

Erweitern Sie das Spiel, indem Sie Chunkstreifen austeilen. LN suchen wieder das passende Poster und versuchen kleine Mini-Dialoge zu spielen.

Variante

Zwei oder drei LN spielen in der Raummitte einen Minidialog vor. Die anderen erraten die Situation, indem sie sich vor das passende Poster stellen. Wenn LN möchten, können Sie die kleinen Szenen mit dem Handy filmen. Schneiden Sie alle Filme zu einem großen Abschlussfilm zusammen.

Erweiterung

Teilen Sie Blanko-Karten aus. LN beschreiben die Karten selbst. Sammeln Sie die Karten ein und spielen Sie das Spiel wie bekannt.

Einen Ausflug zusammen organisieren

Vorbereitung / Material: KV_Letzte Stunde(n), Poster *Unterwegs*, Korb, Wort- und Bildkarten, z. B. aus Band 1: *Einkaufen und Essen, Im Deutschkurs, Kinder und Familie*, Band 2: *Aktivitäten, Essen und Trinken, Einkaufen, Im Deutschkurs, Wohnen*, Band 3: *Familie, Einkaufen, Unterwegs*

Nachdem die Themen durcheinander wiederholt wurden, sagen Sie: „Ein Poster fehlt!" und präsentieren das Einstiegsfoto zum letzten Modul *Unterwegs* als Poster oder per Beamer. Fragen Sie dann: „Abbas hat eine Idee. Was will er machen?" Zur Unterstützung können Sie auch den Hörtext noch einmal hören lassen, oder Sie verweisen auf den Lesetext in Aufgabe 15, damit Sie mit den LN gemeinsam auf die Antwort kommen: „Wir machen einen Ausflug mit dem Deutschkurs. Jeder bringt Essen und Getränke mit." Leiten Sie nun über: „Ich habe eine Idee. Das machen wir auch."

Poster *Unterwegs*

Bilden Sie einen Stuhlkreis und stellen Sie einen leeren Korb in die Mitte. Fragen Sie: „Was wollen wir zusammen machen? Was nehmen wir mit?"

Stuhlkreis
Picknickkorb

Packen Sie mit den LN zusammen den Korb. Dafür teilen Sie Wort-Bildkarten der Lernwörter oder andere erstellte Wort-Bildkarten aus der Alpha-Box aus. LN 1 spricht das Wort der Karte laut. Fragen Sie: „Nehmen wir das? / Passt das?" LN 1 entscheidet und legt die Karte in den Korb oder daneben. Fordern Sie die anderen LN auf zu reagieren: „Gute Idee! / Das ist gut. / Super." Dann ist der/die nächste LN an der Reihe usw. Die aussortierten Wort-Bild-Karten legen Sie nun beiseite.

Reihenübung
Automatisieren
Wort-/ Bildkarten

Fragen Sie nun: „Was ist jetzt im Korb?" LN versuchen sich an die Wörter zu erinnern und packen die Karten reihum wieder aus. Dabei können Sie anregen, dass die Wörter in Kategorien (z. B. Essen, Getränke, Aktivitäten etc.) um den Korb gelegt werden.

LN schließen die Augen. Nehmen Sie eine Karte oder auch mehrere weg: „Was fehlt?" LN öffnen die Augen und versuchen, die fehlenden Wörter zu nennen. Wurde ein Wort richtig gesagt, legen Sie die Karte wieder zurück neben den Korb. Nach ein paar Runden kann ein/e LN die Rolle des Spielleiters / der Spielleiterin übernehmen.

Gedächtnisspiel

Teilen Sie die Kopiervorlage zum Erstellen eines Wortigels aus. Verweisen Sie auf den Korb und die gelegten Wortkarten. LN vervollständigen die Kopiervorlage und lernen die abstrakte Form und Funktion eines Wortigels kennen, der ab *Hier! A1.1* als Wortschatzübung eingesetzt wird.

Wortigel erstellen
Letzte Stunde

Fragen Sie anschließend: „Wer macht was?", und zeichnen Sie an die Tafel:

Tabellenform üben

Wer? / Name	Was?

Erstellen Sie eine Tabelle, sammeln Sie: „Wer bringt Essen mit? Getränke? Musik? Teller? etc." Schreiben Sie an der Tafel mit oder lassen LN selbst an der Tafel schreiben, sodass am Ende eine komplette Kursliste entstanden ist. Füllen Sie jetzt mit LN den Flyer auf der Kopiervorlage aus.

Letzte Stunde

Bitten Sie Ihre LN, wenn diese einverstanden sind, sich für ein Foto zusammen aufzustellen. Als Vorlage können Sie das Kursfoto der Protagonisten von *Hier! Alpha* verwenden. Bringen Sie das Foto vergrößert zu ihrem Essen als Plakat mit und regen Sie LN an, zwei Sätze zu sich zu schreiben und als Sprechblase an das Foto zu kleben.

Tipp
Kursfoto

Übergang zu Hier! A1.1

Was ist aus Hier! Alpha vertraut?

Beim ersten Aufschlagen von *Hier! A1.1* fällt sofort auf, dass das Layout, die Farbgebung für Kurs- und Übungsbuchseiten sowie die Aufteilung der Lektion in drei Doppelseiten aus *Hier! Alpha* bekannt ist. Auch der Einstieg erfolgt situativ über ein Foto mit Hörtext und die meisten Aufgaben- und Übungstypen tauchen im neuen Lehrwerk sowie im *Intensivtrainer* wieder auf. Themen, Wortschatz und Chunks werden LN ebenso wiedererkennen. Wie in *Hier! Alpha* führt ein fester authentischer Personenstamm aus einem Integrationskurs durch die Lektionen und auch die verwendete Bild- und Zeichensprache ist ähnlich.

Tipp Gemeinsamkeiten finden

Verteilen Sie ein paar Bände *Hier! A1.1.* Lassen Sie LN einmal selbst durch das neue Buch blättern und Gemeinsamkeiten finden: Welche Übungstypen kennen LN? (z. B. Gitterrätsel, Wortschlangen, Zuordnungsübungen, Multiple-Choice-Aufgaben, Übungen zur phonologischen Bewusstheit) Was machen LN gern? etc. Vielleicht werden LN auch erkennen, dass *Hier! A1.1* mit dem anfängt, mit dem sie in *Hier! Alpha* aufgehört haben: dem Alphabet.

Tipp neue Protagonisten
Hier! Weltkarte

Wiederholen Sie das Buchstabieren und führen dabei die neuen Protagonisten aus *Hier! A1.1* ein. Buchstabieren Sie z. B. *Beno Nikolov* und *Yasmine Slimani*. LN schreiben und erlesen die Namen. Wer ist das? LN suchen die Personen auf der *Hier! Weltkarte* oder im Inhaltsverzeichnis.

Was ist in Hier! A1.1 neu?

ÜB

Der Kursbuch- und Übungsbuchteil ist getrennt. Durch Verweise im Kursbuch wird die Navigation in das Übungsbuch angezeigt. Statt der Zielgrapheme zeigt der rote Kasten nun die Lektionsnummer.

Tipp

Zeigen Sie das Symbol, das auf das Übungsbuch verweist, lassen Sie es überall in der ersten Lektion suchen und üben Sie die Navigation zwischen Kurs- und Übungsbuch.

A B C
1a 1b 1c

Die Ordnungsstruktur innerhalb der Lektion ist differenzierter. Die Gliederung der Kursbuch-Doppelseiten und der Aufwärmseiten erfolgt in A, B und C, der Aufgaben hingegen in a, b, c, d.

Tipp

Schreiben Sie A B C und a b c an die Tafel. LN suchen die Groß- und Kleinbuchstaben im Buch.

Arbeitsanweisungen sind differenzierter und teilweise neu. Oft stehen Fragen vor den Anweisungen und *keine* Symbole visualisieren mehr die einzelnen Arbeitsschritte. Stattdessen gibt es nun Symbole für die Sozialformen (Partner- oder Gruppenarbeit).

Tipp Arbeitsanweisungen

Teilen Sie KV_Symbole / Arbeitsanweisungen aus. LN spielen Memory und ordnen die Karten dann der ersten Lektion zu. Verwenden Sie die Bildkarten in der ersten Zeit weiterhin zur Unterstützung.

Neu ist die Verwendung von grammatischer Terminologie in Arbeitsanweisungen, Tabellen und Grammatikkästen, z. B. Nomen, Artikel, Pronomen, Verben, Adjektive, etc. sowie Satzzeichen.

Tipp Nomen und Verben

Zur Erklärung der Wortarten können Sie die in *Hier! Alpha* eingeführten Puzzleformen für Nomen und Verben nutzen. LN erstellen Puzzlekarten für neue Nomen und Verben.

Tipp Satzzeichen

Verteilen Sie einen bekannten Lesetext aus *Hier! Alpha 3*, Aufgabe 14, jedoch ohne Satzzeichen. Geben Sie mögliche Satzzeichen vor und LN versuchen zu ergänzen. Verbinden Sie die Satzzeichen mit der Satzmelodie, wie bereits aus Aufgabe 3 bekannt.

Tipp Übungstypen

Entlasten Sie neue Übungstypen, wie z. B. Satzsalat. Verwenden Sie die Chunkstreifen zur Einübung. Zerschneiden Sie die Chunks an den Wortgrenzen, mischen Sie die Teile, LN ordnen den Chunk.

Tipp Dialoge

Sprecher/innen in Aufgaben und Dialogen werden nur mit dem Namen schriftlich angezeigt. Visualisieren Sie die Personen mit Porträts der Protagonisten.

Viel Erfolg beim gemeinsamen Entdecken von *Hier! A1.1.* Betonen Sie stets das Vertraute und führen Sie die Neuerungen behutsam ein. Ihre LN sind gut vorbereitet!